中公新書 2635

青木栄一著

文部科学省

揺らぐ日本の教育と学術

中央公論新社刊

文部科学省

目次

図表作成◎ヤマダデザイン室

文部科学省定員	本省定員	スポーツ庁定員	文化庁定員
2,150人	1,729人	120人	301人

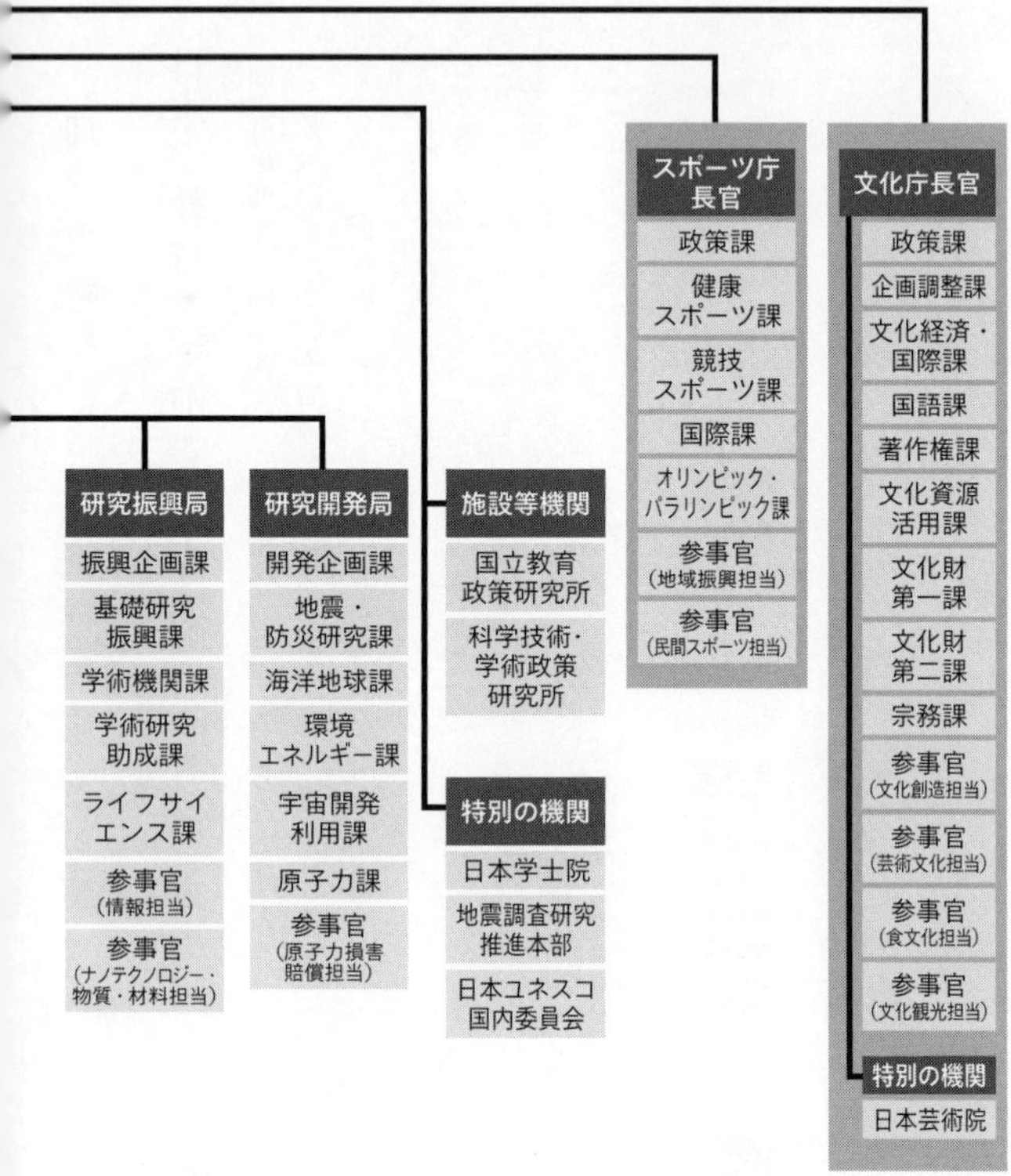

図表 0-1　文部科学省 組織図（2020年10月現在）

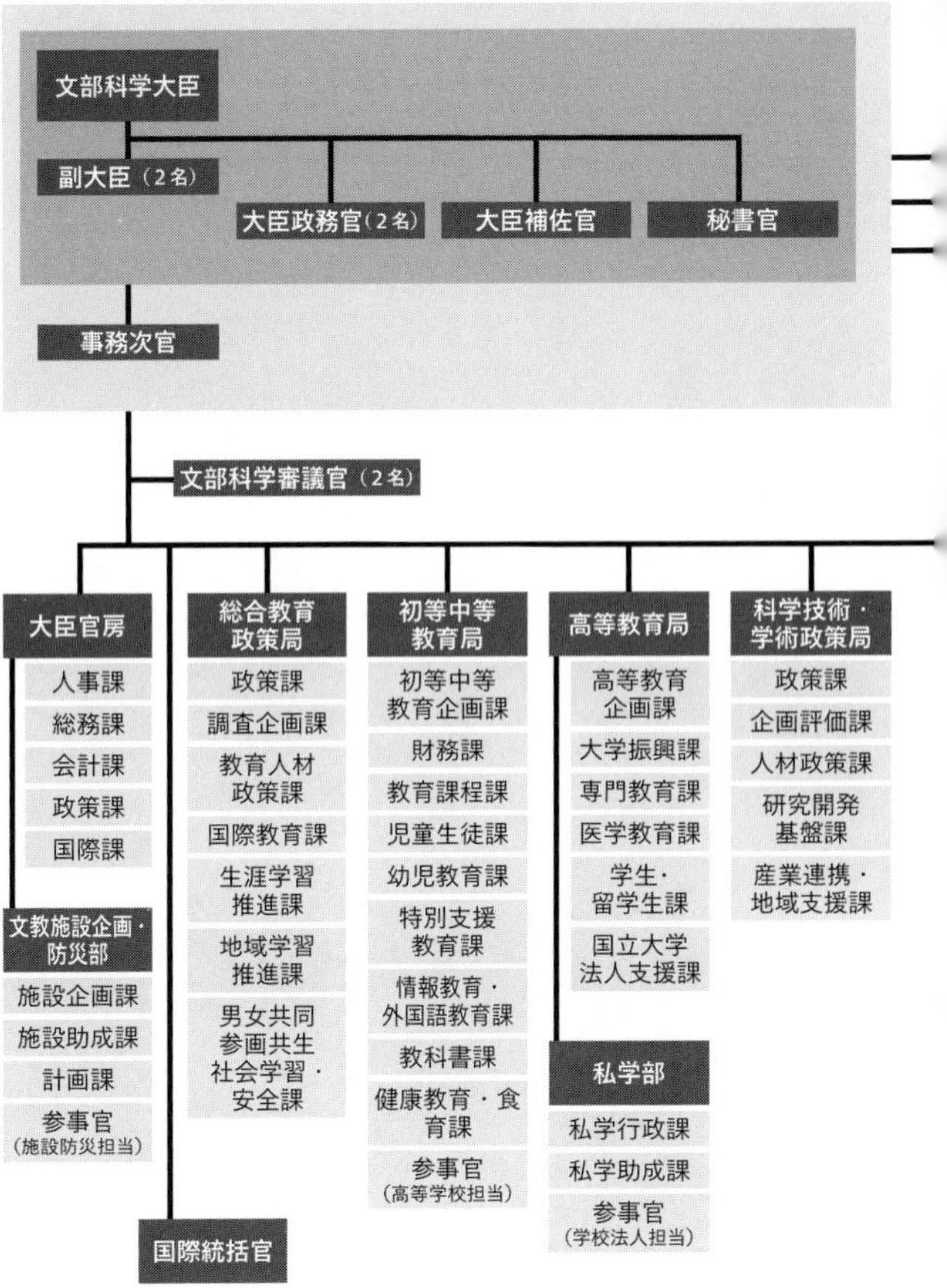

出典）文部科学省ウェブサイトより作成

文部科学省　揺らぐ日本の教育と学術

序　章　「三流官庁」論を超えて

２００１年１月６日、21世紀の幕開けとともに文部科学省（文科省）は誕生した。文部省と科学技術庁（科技庁）が統合され、中央省庁１府12省庁の一員として、日本の教育、文化、スポーツ、科学技術の幅広い分野を担当する組織が歩みを始めた（図表0-1）。

文科省の担当分野の中核を占めるのは、なんといっても「教育」である。教育は誰もが一度は経験していて一家言《いっかげん》をもちやすく、文科省にも厳しい意見が寄せられやすい。「ゆとり教育を始めたかと思えば撤回して学力向上を謳《うた》うなど方針が定まらない」「財務省を説得できず、一向に教育予算を増やせない」「天下りを通して高等教育を歪《ゆが》めている」……。

また、教育という国益に直結する分野を担当しているにもかかわらず、文科省は霞が関の他府省の官僚たちや政治家から「三流官庁」とみなされている。少子高齢化、グローバル競争の激化といった社会の大きな変動に対応できない「守旧派」「抵抗勢力」であり、さらに政策論議にも弱いといわれ、1981年に設置された第二次臨時行政調査会で、文部次官経験者が国立大学の存廃をめぐって議論に窮し、涙を流した話が伝わっている。

いずれもまったく的外れな指摘とはいえない。だが、そうした批判をする側は、どれだけ文科省のことを理解しているのだろうか。現代国家では、教育に巨額の予算と多数の人員が投入される。そのため、教育をめぐる行政、制度、政治、経営、政策――つまり教育の「仕組み」――についての理解と議論が深まらなければ、せっかく投入した資源もムダになりかねない。この「仕組み」の中心に位置するのが文科省である。本書は文科省の内部に分け入り、そして外部との関係から、その真の姿を明らかにしていく。

「三流官庁」論でみえないこと

これまで文科省は「三流官庁」として見下されることがしばしばあったが、「現場」の学校や大学は奮闘し成果を出してきた。ところが、この最後の砦《とりで》も危うくなってきた。21世紀に入ってから、かつて世界最高水準を誇った日本の義務教育は国際調査の順位を下げている。学術・科学技術の分野に目を向ければ、中国の躍進やアメリカの覇権とは対照的に、日本の研究力低下が指摘されるようになった。

きわめつけは、2020年2月末、コロナ禍対応のために安倍晋三《しんぞう》首相が全国の学校に休校を要請したが、この決定過程に文科省は蚊帳《かや》の外だったことである。官邸主導の政策決定に文科省は反発したものの、結局は従わざるをえなかった。ただ、以前から官邸主導の教育改革が目立つようになっており、幼児教育や高等教育の無償化はその典型だった。官邸に対する文科省の弱い立場は、「教育再生」という名の教育改革に熱心だった第二次安倍政権特有の現象ではなく、平成の30年の間に行われた政治改革の帰結とみることができる。教育分野においても「『官邸主導』の一般化」（待鳥聡史《まちどりさとし》）は、相当程度不可逆的なものと理解できる。さらに、官邸に深く食い込んだ経済産業省（経産省）は教育政策に関与するようになったし、財務省は相変わらず文科省予算の削減に躍起《やっき》となっている。

一方で、文科省は地方の初等中等教育を担う教育委員会や、学術・科学技術の中心的存在の国立大学に対して強い影響力を保ってきた。その力の源泉となってきたのは「お金」である。2019年度でみると文科省は5・5兆円ほどの予算のなかから、公立小中学校の教員給与の3分の1（毎年1・5兆円）と国立大学予算の多く（毎年1・1兆円）を負担している。

少子化のあおりを受けて教育費の削減圧力は非常に強いから、地方自治体も国立大学も文科省が打ち出す「改革」に従わざるをえない。

このように、文科省は「内弁慶の外地蔵」という二面性を備えている。筆者たちの調査でも官邸や他省庁に対してたいへん脆弱《ぜいじゃく》であるのに対して、教育委員会や国立大学にはたいへん強い姿勢をとっていることが明らかになった。相手によって大きく異なる顔を見せる文科省の秘密を本書は探っていく。さらに、この文科省の二面性を利用することで、官邸や他省庁が巧妙に文科省の担当分野に介入していく新たな状況を「間接統治」として描いていく。

産業政策に飲み込まれる教育政策、学術政策、科学技術政策

文科省の担当分野は多岐にわたるが、本書ではそれを旧文部省と旧科技庁の主たる担当だった(学校)教育政策、学術政策、科学技術政策の3分野に大別し、独立性の高い文化庁とスポーツ庁の担当分野は除いて考える。3分野はいずれも文科省の発足以降、急激に変化した。

まず、「教育政策」は、就学前の幼児教育を除けば、義務教育、高校教育、高等教育の三つに区切られる。旧文部省時代から、義務教育を受ける機会を全国均等に提供することを重視し、地域、所得、資質能力を問わず教育を受けられるように制度をつくり守ってきた。こ

れに対して、高校教育については、義務教育ほどには力を入れてこなかった。それは義務教育にみられるような機会均等を実現する制度が存在せず、都道府県任せだったことに表れている。大学に関しては、高等教育と学術の発展のため、全国に国立大学を設置し維持してきた。その実態は、トップクラスの研究重視大学と競争力の弱い中小の教育重視大学を一体的に保護する「護送船団方式」だった。

文科省が設置された2001年以降、教育政策とそれを取り巻く環境は大きく変化した。義務教育では、2000年代以降、国際学力調査での順位低下、教員の長時間労働が問題となったものの、十分な財源が手当てされないまま改革を迫られるようになった。高校教育では2010年度に高校無償化が制度化され、高等教育（大学教育）では2004年度に国立大学が法人化された。これらの変化が文科省の行動にどのようなインパクトをもたらしたのだろうか。基本的に、組織としての文科省のあり方が政策に影響を及ぼすと考えられるが、ここで触れたように、文科省を取り巻くより広い政策の動向が、文科省の行動を変容させる側面も合わせてみていきたい。

先取りすれば高校無償化のインパクトは、手薄だった文科省の担当分野を穴埋めする点で大きかった。高校無償化によって義務教育と同様に機会均等原則が適用されるようになり、文科省は積極的に高校教育に関わるようになったのである。さらに、頓挫《とんざ》したものの大学入試改革を「高大接続」と称し、高校教育と大学教育を接合させる概念が普及した。こうして高校教育を媒介させ、義務教育から大学教育までが一本の線でつながった。

次に「学術政策」については、学術の中心地だった国立大学が様変わりした。文部省時代、国立大学はいわば「治外法権」地帯で社会から自律しており、まさに「象牙《ぞうげ》の塔」であった。ところが文部省と科技庁が統合されてからは、文科省の旧科技庁セクターが国立大学を「手足」として扱いはじめた。それまでは学術の場だった国立大学を、旧科技庁セクターは科学技術政策の場、つまり研究開発の場とみなした。「学術」は人文・社会科学と自然科学を包括する概念で、かつ不変の真理を追究する基礎研究の性格が強い。これに対して「科学技術」はどちらかといえば自然科学中心で、社会の発展に寄与しようとする応用研究の性格が強い。国立大学が社会に役立つ研究を求められるとともに、学術政策が科学技術政策に包含されはじめ、人文・社会科学が「無用の長物」と批判されるようになった。なお、経産省の産業技術環境局に技術振興・大学連携推進課と研究開発課が置かれているが、これはいち早く経産省が産学連携の重要性に気づき、文科省に対して先手を打ったことを示している。

さらに、文科省の担当分野外との関係に目を向けると、旧科技庁の担当分野だった「科学技術政策」はイノベーション政策と一体化したことがわかる。政府は2001年の中央省庁等改革で、それまで他省庁がバラバラに所管していた科学技術政策の司令塔として内閣府に

「総合科学技術会議」を置いたが、これを2014年に「総合科学技術・イノベーション会議」へと衣替えした。イノベーション政策はAIやロボット技術などの研究開発を社会変革へ寄与させることを重視する点で、科学技術政策以上に現実路線である。さらに2020年、「科学技術基本法」が「科学技術・イノベーション基本法」に改称され、科学技術政策は完全にイノベーション政策に包摂され、自然科学にくわえて人文・社会科学も科学技術の範《はん》疇《ちゅう》に飲み込まれた。

つまり、学術政策は科学技術政策に、科学技術政策はイノベーション政策に包摂され、イノベーション政策の背後には産業政策が控えている。ここまでくると、学術や科学技術が産業政策の一部として扱われ、「社会の役に立つ研究」からさらに進んで、「利潤を生み出す研究」が重視されていく。文科省が担ってきた学術・科学技術は、省内部の担当分野間の力関係が変化しただけではなく、政府全体の成長戦略とつながった。

「聖域」視されてきた教育も例外ではない。先にみたように義務教育から高等教育が一本の線で結ばれた教育政策は科学技術政策、イノベーション政策、そして産業政策と直結した。2020年に始まったコロナ禍対応で加速したが、それ以前から目論《もくろ》まれていたのがリモート授業や学習履歴データの蓄積といった「学校の情報化」である。学校の情報化には企業の参入が必要となり大きなビジネスチャンスが生まれる。さらに、教育の場で生み出されるビッグデータは「宝の山」となる。頓挫した2020年度からの大学入試改革の動因はこの文脈から理解できる。経産省の商務情報政策局の商務・サービスグループにはサービス政策課が置かれ、その下に教育産業室が存在していることは、経産省の教育ビジネスへの参入の意思を明確に表している。さらに官邸は科学技術・イノベーション政策や産業政策の旗振り役であり、教育政策にも深い関心をもっている。

こうして、文科省の担当分野は、文科省外部とのつながりのある科学技術政策を媒介として、イノベーション政策、ついには産業政策に包含された。これまでほぼ独占的に教育政策、学術政策、科学技術政策を担ってきた文科省は、官邸や他省庁との関係で存在感を低下させたようにみえる。このような状況は、文科省を操りやすくなる点で「間接統治」を目論む側にとって好都合だろう。

以下では、文科省内部の変動と、文科省に対する外部、特に官邸や他省庁からの圧迫をそれぞれみたうえで、その二つの流れが合流しつつある今、文科省とその担当分野に何が起きているのか論じていく。

本書の構成

文科省そのものに関心のある読者は、文科省の組織、人事、予算という行政を理解する基本的な構成要素を扱った第1章から順に読んでいただきたい。文科省の個別の政策に関心があれば、初等中等教育を扱った第4章や高等教育や科学技術を扱った第5章から読んでいただくとよいだろう。文科省が責任を持つ政策分野は1990年代後半から2000年代前半に大きく変化を始めたが、本書は2001年の文科省の設置がその変化を加速させたと考え、設置後の文科省内部の変化を重視する。

第1章では、まず組織の観点から文科省をみる。実は文科省の定員（外局を含む）2150人（2020年）は霞が関で最小であり、この最小の省が幅広い分野を担っている様子を描く。文科省は旧文部省と旧科技庁が統合した行政機関である。往々にして旧文部省の延長線上に文科省の姿をみてしまいがちであるが、実際には組織の面で、文科省は旧文部省とは大きく異なることを解説する。さらに、文科省の「機関哲学」――省としての基本的な考え方――が外圧に押されて変化していった様子を描き、旧文部省時代に重視してきた機会均等から「選択と集中」への変化が起きつつあることを述べる。

第2章では、文科省で働く職員に注目する。キャリア官僚とノンキャリアに区分されるのは他省庁と同様だが、文科省となってからキャリア官僚のなかに事務系と技術系が存在するようになった。そして、旧文部省系と旧科技庁系のキャリア官僚の昇進ルート（キャリアパス）がどう変化しているかもみていく。統合前の規模からすれば旧文部省は旧科技庁の3倍ほどであった。大が小を飲み込んだのだろうか。

第3章では、予算に着目する。文科省の仕事の特徴の一つは、直轄事業が少ないことだ。文科省の予算の3割は、義務教育分野の教員の人件費として都道府県に渡され、2割は国立大学法人の運営費として渡される。他の主体に予算を渡す以上、そこに「サポートとコントロール」のせめぎ合いが生じる。また、毎年の予算編成では財務省との厳しい折衝が繰り返され、政治家や関係団体もパイの配分に関与しようとする。特に、少子高齢化の影響で社会保障費が年間約1兆円増え続けている一方で、教員給与や国立大学への支援といった教育費の削減圧力はたいへん強い。他方、高校無償化予算のように一気に政治決定されるものもある。

第4章では、初等中等教育分野、特に義務教育に注目する。文科省は教育の実行を地方自治体や学校法人に委ねる。義務教育段階では、地方自治体が設置する公立学校の役割が大きい。文科省はこれまで教育委員会制度を死守し、公立小中学校だけで全国に67万人もいる教員の人件費を負担し、地域間格差が生じないように腐心してきた。このことは世界的にみても高いパフォーマンスにつながっているとの評価がある一方、地方教育行政支配との批判もある。さらに、多忙化が指摘される教員労働にも言及する。

第5章では、大学の人材育成機能に着目する。21世紀に入り真理を探究する学術の中心地だった大学を、社会や企業に役立つ科学技術やイノベーションに貢献する人材育成の場として活用する動きが強まった。２０１９年に頓挫したものの「高大接続」の名のもとに大学入試改革が行われようとしたのは、社会へ出てすぐに「使える」スキルを学生に身につけさせる役割を大学に期待するからである。また、大学にはグローバル人材、学術・科学技術人材育成機能も期待されるが、世界と闘える人材育成に十分な資金が供給されていないことも指摘する。

終章では、文科省設置後、旧科技庁系の政策志向が旧文部省系を徐々に凌駕《りょうが》していった結果、省内部から変質したこと、そして官邸や財界などからの政策要求を受け入れ、文科省の担当分野を「間接統治」されるに至った過程を振り返る。さらに文科省の苦境の背景を、官邸、族議員、他省庁、企業との関係から探り、その打開策を考える。最後に、文科省をはじめとする官僚たちが生き生きと社会に貢献できる道筋を提案する。

第1章　組織の解剖——統合は何をもたらしたか

本章では、まず文科省の組織に注目する。2001年に旧文部省と旧科技庁が統合して設置された文科省の組織には、どのような特徴があるのだろうか。たとえば13万人を超える国立大学定員を抱えていた旧文部省は、定員の面で旧科技庁を上回っていたが、そのことが統合後の両者の関係をどのように規定したのだろうか。まず、第1節では幅広い業務を抱える文科省をどのぐらいの数の職員が支えているのかをみる。次に、第2節では文科省の組織編制の特徴を統合前と比較しつつ浮き彫りにする。さらに、第3節では文科省の機関哲学が官邸などからの外圧によってどのように変化したのか、文科省の対応を交えてみていく。

1　幅広い業務、最小の人員

文科省は、文部省と科学技術庁（科技庁）が統合して2001年に設置された中央省庁である。文科省を含め中央省庁1府22省庁が1府12省庁へ再編された改革を「中央省庁等改革」と呼ぶ。文科省のようにいくつかの省庁が統合したところもあれば、財務省（旧大蔵省）のように名称だけが変化したところもある。

文科省は、統合前と比べても、国際的にみても、教育にとどまらず幅広い分野を一つの組織で担当するようになった。この節では文科省の組織を、仕事の範囲、人数、そして場という側面から考える。それぞれに歴史を蓄積してきた組織が統合し、そして20年が経過したことで、どのような変化が起きたのだろうか。

「文部科学省」という名に込められたもの

統合した組織の英語名称をみるのはなかなか興味深い。たとえば、株式会社三井住友銀行は三井グループのさくら銀行と住友グループの住友銀行が合併して誕生した銀行であり、英語名はSumitomo Mitsui Banking Corporationである。三越伊勢丹も英語表記はIsetan Mitsukoshi Ltd.である。日本語表記と英語表記で順序が異なる理由の一つは、合併前の組織の顔をお互いに立てるためである。

文科省の英語名称はMinistry of Education, Culture, Sports, Science and Technologyである。直訳すれば「教育文化スポーツ科学技術省」となる。統合前の文部省（1871〜2001年）の英語名称はMinistry of Education, Science and Culture、科技庁（1956年〜2001年）の英語名称はScience and Technology Agencyだった。名は体を表すというが、英語名称が文科省の業務の幅広さをよく表している。あまりにも長いせいか、略称はすべての頭文字を拾わずMEXT（メクスト）である。

文科省のパンフレットをみると、その業務は「教育」「科学技術・学術」「スポーツ」「文化」の四つの柱としてまとめられている。英語名称では一番後ろに置かれていた科学技術が学術を従えつつパンフレットでは二番目になっていて、実際の科学技術分野の扱いの重さを反映している。誰にとってもなじみ深い教育についてみると、幼児教育、初等中等教育ばかりか高等教育（大学）、さらに生涯学習まで担当する。これにスポーツ、文化も抱えている。

2001年に文科省が設置されたのは、省庁の数を減らし省庁間の仕事の重複を減らすとともに、縦割り行政を解消しようとした「中央省庁等改革」の一環だった。

省庁再編が議論された行政改革会議では、１９９７年８月に藤田宙靖《ときやす》主査から出された座長試案のなかで二つのアイデアが示された。一つは「科学技術省」と「文部（学術教育文化）省」を別立てとするものであった。もう一つは科学技術省を独立省とはせず、複数の省庁にまたがる問題については総理大臣直轄の会議体で対処するものであった。１９９７年12月に出された最終報告には「教育科学技術省」という仮称が示され、後者の案に近い形となった。なお、この報告と実際に採用された名称が異なるのは、文科省と現在の厚生労働省（仮称は「労働福祉省」）の二つだけだった。

「文部科学省」という名称にすでになじんでしまったために、違和感を覚える人はもういないだろう。文科省に前身となる組織があったと知らない人もいるかもしれない。しかし、よくよく考えてみれば律令制の時代から存在した「文部」という言葉と、明治の翻訳語である「科学」という言葉の合成語にはいかにも木に竹を接いだ印象がある。実際、２００１年１月には新しい府省の名称に違和感を示す報道があった。それでも「文部」という名称を残した点に文教族や文部省関係者のこだわりがあり、「文部」という言葉が消えることには強い反対があったという。

あったかもしれない組み合わせ

ところで、各省庁の業務の重複を解消するという中央省庁等改革の目的からみれば、別の省庁との統合という選択肢もあったかもしれない。もしくは、文部省が単独で存続したり、科技庁が科学技術省に昇格したりすることもありえた。

たとえば、厚生省の所管していた保育所行政は文部省の所管する幼稚園行政と重なる部分があった。だから、「ゆりかごから墓場まで」という観点から文部省と厚生省が統合されてもおかしくはなかった。学校から職業への移行は重要な政策課題だから文部省と労働省という組み合わせだってありえたはずだ。

もっと大胆に考えてみよう。学校教育の中心を占めるのは地方自治体を通じて行われる初等中等教育行政である。だから文部省の初等中等教育局を自治省の内部部局にしてもよかったかもしれない。事実、戦前の地方教育行政は内務省（戦前、地方財政、警察、土木など内政のほとんどを担当した強力な官庁であり、地方教育行政へも強い影響を及ぼしていたため、当時の文部省は「内務省文部局」と揶揄《やゆ》された）の仕事の性格が強かった。他方で、高等教育行政は経済成長と密接につながっているから、通商産業省と統合してもよかったかもしれない。

ただ、現実の中央省庁等改革では旧省庁単位の統合が行われた。たとえば、国土交通省（建設省、運輸省、国土庁）、厚生労働省（厚生省、労働省）、総務省（自治省、郵政省、行政管理庁）、そして文部科学省である。そもそも、局単位での機構改革が構想されたわけではないし、省庁という行政組織の「かたち」を問う議論があったわけではない。これに対して、太平洋戦争後、1950年代にかけて行われた占領改革では、内務省が解体されるという近代日本官僚制の歴史上きわめて大きな変化があったし、陸軍省、海軍省という巨大な官僚組織も消滅した。文部省もまた責任を問われ、一時は省という形態に疑問が呈され、「中央教育委員会」という行政委員会へ「解体」されかけたこともあった。

2001年に実際に選択されたのは、教育、文化、スポーツ行政を担ってきた文部省と、科学技術行政、原子力行政を担ってきた科技庁との統合であった。これは議論のスタートから有力なシナリオとして当事者に共有されていた。こうして、文科省は教育、学術、文化、スポーツ、科学技術を一手に引き受ける組織となった。

文科省は旧文部省と旧科技庁がほぼそのまま統合したが、人事管理（採用、異動）、局単位の組織編制、政策管理（立案、実施、評価）はそれぞれ別個に行われる傾向がある。そこで、本書ではそれぞれのまとまりを「文部系」「科技系」と呼ぶことにする。

歴史的経緯からみた文部省と科技庁の違いも指摘しておこう。文部省は明治期の設置後長らく教育を一手に担当する基本的な姿を変えず、130年の歴史を紡いで21世紀（2001年）を迎えた。これに対して科技庁の歴史は50年に満たない。科技系にとって文科省設置後の20年間は科技庁時代の歴史の半分に近い時間である。

教育・科学技術分野の国際比較

ここまでで確認できるのは、中央政府の組織形態や仕事内容が本来多様だということである。海外に目を向けても、初等中等教育と高等教育が一つの組織で担当されるのは世界共通ではない。科学技術政策研究者の赤池伸一《しんいち》によれば、科学技術分野については複数省庁が関連する傾向があり、大統領府、首相府といった「執政府」に省庁横断的組織が置かれることが多い。省庁レベルでは、国による違いはあるが高等教育、科学技術、産業のいずれかを担当する省庁が担う。日本では総合科学技術・イノベーション会議が省庁横断的組織に該当するが、義務教育を含めた教育分野と科学技術分野を一つの省で扱う点が珍しい。

ところで、日本で教育改革を議論するときには主にアメリカとイギリスがモデルにされる。両国ではどのような組織が教育や科学技術を担っているのだろうか。アメリカは連邦国家であるから日本と直接の比較は難しい。あえて連邦政府と日本の中央政府を並べてみると、連邦政府に教育省が置かれているので、これを日本の文科省のカウンターパートとみなそう。

アメリカ連邦教育省は１９７９年に、カーター大統領のもとで保健教育福祉省から分離して設置されたもので、意外にも省としての歴史は浅い。そもそも合衆国憲法の定めによって教育分野は初等中等教育、高等教育ともに州の仕事として整理されている。だから２０１６

年の大統領選挙のときに「小さな政府」を掲げるトランプ候補が教育省の廃止や縮小を公約にしたのは筋が通っている。

アメリカ連邦政府が教育に関与しはじめた契機は、人種間での教育上の取り扱いの平等を求めたブラウン判決（1954年）である。連邦政府が教育に関与することが司法の世界から要請され、貧困学区に対する連邦補助金が支出されるようになった。この流れを加速させたのがスプートニク・ショック（1957年）だった。旧ソ連が開発した人工衛星スプートニク1号が人類史上初めて宇宙飛行を実現したことは、アメリカの科学技術政策だけでなく、それを下支えする教育政策の敗北をも意味した。そのため初等中等教育段階に、連邦政府がさらなる財政支出を行うようになった。

1990年代に入ると、クリントンやブッシュといった州知事時代に教育改革に力を入れ、「教育知事」として政治的成功を収めた大統領が、選挙でアピールしやすい分野として教育に力を入れるようになった。こうしてアメリカでは、以前よりも連邦政府が教育に関与することが増えている。それを「教育大統領」という表現で示すこともある。2010年代以降は、大学学費を賄《まかな》うために連邦政府が貸し出す学生ローンの残高の急上昇や滞納率の増加が大きな政策課題となり、2020年の大統領選挙の主要争点の一つとなった。

他方、科学技術政策の担当組織はエネルギー省、宇宙開発を担当するNASA、大学の基礎研究費を支援するＮＳＦなど分散している。

イギリスはどうか。イギリスの行政組織の常として、時の政権の意向でその姿が大きく変えられる。この最近30年ほどの時期をみても、教育では「教育省」（１９９２～１９９５年）、「教育・雇用省」（１９９５～２００１年）、「教育・職業技能省」（２００１～２００７年）、「子ども・学校・家庭省」（２００７～２０１０年）と何度も姿を変えている。２０２０年時点では教育省（２０１０年～）が置かれ、初等中等教育を担当する。

高等教育と科学技術については教育・職業技能省と通商産業省（１９７０～２００７年）から枝分かれして「イノベーション・大学・技能省」及び「ビジネス・企業・規制改革省」（ともに２００７～２００９年）、「ビジネス・イノベーション・技能省」（２００９年～２０１６年）と変遷しており、２０２０年時点では「ビジネス・エネルギー・産業戦略省」（２０１６年～）が高等教育、科学技術、そして産業分野を担う。

他国をみると、ドイツ（連邦教育・研究省）、フランス（高等教育・研究・イノベーション省）は高等教育と科学技術を一つの省が担当する。

各国の教育、科学技術担当省庁をみると、初等中等教育、高等教育、科学技術、産業分野のいずれか、もしくは複数を担当し、その組み合わせは多様であることがわかる。その意味で日本のように長い期間、文部省という一つの組織が教育（幼児教育、初等中等教育、高等教育、継続教育（日本では社会教育、生涯学習）を一手に担い、文科省となってからは教育全般と科学技術を広く担当するようになったのは珍しい。

統合の係争地

さて、統合の際に、重なり合う分野はいわば「係争地」となる。文科省と統合前の文部省、科技庁の英語名称をよくみるとサイエンス（Science）が共通して使われている。ただし旧文部省は日本学術振興会の英語名称において、Scienceを「学術」と対応させてきた。他方、旧科技庁はScience and Technologyという複合語を使い、「科学技術」という語を対応させていた。どちらかといえば文部省は理系の基礎研究や人文・社会科学に重きを置き、科技庁は応用分野である科学技術を志向してすみ分けができていた。

もともと科技庁の設置以来、科学技術とその英語名称であるScience and Technologyという用語法をめぐって大きな議論があった。たとえば、1995年に成立した科学技術基本法では従来どおり「科学技術」と「Science and Technology」が対応関係にあるとされた。しかし、本来Science and Technologyに対応させるならば「科学と技術」という表現が妥当であり、他方で、科学技術に対応させるなら「科学に裏打ちされた技術（Science-based Technology）」が妥当だと指摘された。より具体的には、「科学技術」に人文社会科学を含むのか、それとも人工衛星や原子力発電のようなものだけを意味するのかは、文部省と科技庁にとっては大きな問題であった。

しかし、科学技術の大物族議員だった尾身幸次《おみこうじ》が科学技術基本法の解説書（『科学技術立国論——科学技術基本法解説』）で述べたように、「科学技術」とは「科学に裏打ちされた技術」のことではなく「科学及び技術」の総体を意味するとされた。後に科学技術政策が学術を包括するような「仕掛け」があったのである。

文部省からみれば科技庁が創設されて以来、「学術」という語が示す世界からどの分野が引き剝がされるかが死活問題だった。たとえば、科学技術基本法では科学技術の定義が「科学技術（人文科学のみに係るものを除く）」と示されている。これでは人文科学以外の科学はすべて科学技術の範疇に入り、理系の基礎科学もこの法律を所管する科技庁の管轄だと読めてしまう。実際、最後の最後まで基礎科学の除外について綱引きがあったが、結局基礎科学の除外は見送られた。

文科省設置の際もこの綱引きが再燃した。文部系の世界である学術（Science）の世界と科技系の科学技術（Science and Technology）の世界が一つの省で接することになった。文科省の英語名称（Ministry of Education, Culture, Sports, Science and Technology）からみえてくるのは学術を含んだ科学技術という広い世界を科技系が担う姿である。学術の主たる担い手である国立大学を所管する文部系の高等教育局は文部系色が強かったが、ここもまた係争地になる可能性が出てくる。

ただし、文科省スタート時点に埋め込まれたこの「仕掛け」が本格的に動き出すのはそれから20年ほど後のことである。2020年、菅義偉《すがよしひで》内閣の発足直後に日本学術会議会員の任命をめぐる問題が生じたが、これも学術と科学技術の綱引きとしてみるべきである。

最小の定員

一般に中央省庁というと霞が関にある「本省」のことがイメージされるが、実際には本省のほかに地方組織である「地方支分部局」から構成される。

行政組織にとって大切なのは予算であるが、もう一つ大切なのが定員である。統合の際、文科省には文部系13・7万人（うち本省1539人）、科技系2000人（うち本庁567人）ほどがそれぞれ定員として計上されていた。かつては法人化前の国立大学が文科省定員に含まれていたため文部系の定員が圧倒的に大きかった。本省本庁だけでみても3対1の比率で文部系が大所帯だった。ところが、今や文科省の定員は中央省庁1府12省庁で最小の2100人強となってしまった（図表1-1）。なお、2001年の中央省庁等改革時点での1府12省庁とは10の省に、内閣府、防衛庁（2007年、省に昇格）、警察庁（国家公安委員会に置か

図表 1-1　各行政機関の定員

行政機関名	定員（2018年度末）		
		うち本省・外局の内部部局の定員	うち地方支分部局の定員
内閣府本府	2,364	1,487	877
公正取引委員会	837	660	177
警察庁	7,902	2,471	4,184
金融庁	1,582	1,123	0
消費者庁	346	346	0
総務省	4,815	2,687	1,962
（公害等調整委員会）	(35)	(35)	(0)
（消防庁）	(172)	(135)	(0)
法務省	53,555	1,269	16,778
（公安審査委員会）	(4)	(4)	(0)
（公安調査庁）	(1,646)	(369)	(1,269)
外務省	2,682	2,682	0
財務省	71,721	2,772	68,002
（国税庁）	(55,724)	(984)	(53,945)
文部科学省	2,126	1,921	205
（スポーツ庁）	(121)	(121)	(0)
（文化庁）	(260)	(253)	(7)
厚生労働省	31,648	3,764	22,457
（中央労働委員会）	(100)	(100)	(0)
農林水産省	21,037	5,058	14,167
（林野庁）	(4,768)	(559)	(4,174)
（水産庁）	(892)	(723)	(169)
経済産業省	7,957	5,877	2,009
（資源エネルギー庁）	(451)	(451)	(0)
（特許庁）	(2,780)	(2,780)	(0)
（中小企業庁）	(195)	(195)	(0)
国土交通省	58,461	7,729	47,883
（観光庁）	(200)	(200)	(0)
（気象庁）	(5,078)	(1,509)	(3,157)
（運輸安全委員会）	(178)	(178)	(0)
（海上保安庁）	(13,994)	(1,156)	(11,951)
環境省	3,113	1,878	1,137
（原子力規制委員会）	(1,031)	(980)	(0)
防衛省	268,085	2,521	2,403
（防衛装備庁）	(1,796)	(1,132)	(0)

注1）文科省の地方支分部局の数値は、施設等機関と特別の機関について計上
注2）図表0-1では2020年度の数値を用いたが、本省・外局の内部部局と地方支分部局の定員の内訳を示すため、ここでは2018年度の数値を用いた
出典）自民党ウェブサイトより作成

れる特別の機関）を加えたものである。

幅広い業務を担う文科省の定員が霞が関最小というのは不思議である。これには二つの背景がある。一つは文科省には地方支分部局がないからである。「地方支分部局」という言葉になじみがないかもしれないが、財務省の税務署、厚生労働省のハローワークが身近な例である。これらを含めると財務省の定員は約7万人、厚労省は約3万人となる。

文部省時代、戦後すぐに物資不足のために給食を取り扱うための地方支分部局をごく短い時期に置いたのと、科技庁時代の水戸原子力事務所を除いて、文科省はその前身の時代から地方支分部局をほとんど置いてこなかった。教育でいえば、戦前は都道府県ごとに内務省系統の県庁学務部が担当していたし、戦後は教育委員会が都道府県と市町村に設置され、地方支分部局がわりの役割を果たしてきた。

文科省定員の少なさのもう一つの背景は行政改革や機構改革である。日本は中央省庁全体の定員が世界的にみてきわめて少なく、「小さな政府」となっている。たとえば、小泉純一郎《じゅんいちろう》政権が推進した郵政民営化は、国家公務員だった日本郵政公社職員24・8万人を非公務員化する改革として、2007年に福田康夫《やすお》政権により実現した。文科省については国立大学の法人化（国立大学法人への転換）によって、それまで国家公務員だった国立大学の教職員13・3万人は2004年度からすべて非公務員となった。

ちなみに、法人化前の国立大学教員は「教官」と呼ばれていた。「官」は国家公務員の呼称に用いられるものであり、国立大学教員の正式な呼称は「文部科学教官（教育職）」だった。法人化後しばらくはゼミの指導教官の○○先生、というような言い方が残っていたが、今ではごく普通に指導教員の△△先生と言うようになった。

さらに、文科省設置後の機構改革で定員が削減された。特に大きかったのは、東日本大震災後の原子力行政の見直しに伴い、2013年度に環境省（原子力規制委員会）へ58人もの定員が移管されたことである。これにより、最小の省であった「新参者」の環境省（2001年に環境庁が省に格上げ）に追い抜かれた。

定員は行政組織の威信を示す指標の一つであるから、このように定員が小さければその分霞が関での威信を失うことになり、さらには永田町の国会議員も文科省を最小のお役所としてみるようになる。さらに実務上も、パイが小さければある部門を削減して別部門に振り向けるといった時代の変化に応じた機構改革をしにくい。

場としての文部科学省

地方支分部局のない文科省にとって仕事の場は霞が関だけである。今は文部系も科技系も同一庁舎で仕事をしているが、実際には両者には空間的にもまだまだ断絶がある。

手前は旧文部省庁舎（現在は文化庁などが入る）。後ろの合同庁舎7号館東館の3階から18階を文部科学省が使用している

この点について、手塚洋輔《ようすけ》の文科省庁舎研究に依拠してみていこう。国交省や厚労省は統合前から同一の合同庁舎に同居していたし、総務省も再編に合わせて合同庁舎2号館を新築した。これらの省では2001年1月のスタートを同一庁舎で迎えることができた。

これに対して、文科省では統合してしばらく文部系と科技系が別々の庁舎で業務を行っていた。文部系は旧文部省庁舎を使用し続け、科技系は旧科技庁庁舎（現在の外務省南館）を出て旧郵政省庁舎に移転し、ここを文科省別館として業務を開始した。その後2004年1月の旧文部省庁舎の建て替えを機に、丸の内の旧三菱重工ビルを仮庁舎として文部系、科技系ともに移転し、初めて両者が同一庁舎で仕事を始めた。

そして2008年1月に新築された合同庁舎7号館東館と旧文部省庁舎に入居した。旧庁舎には主として文化庁が入った（なお、文化庁は2022年度中に、京都市にある京都府庁敷地

図表 1-2　文部科学省庁舎

[中央合同庁舎 第7号館 東館]	
32F ｜ 20F	(会計検査院)
19F	
18F	研究開発局
17F	研究振興局
16F	科学技術・学術政策研究所
15F	科学技術・学術政策局
14F	高等教育局
13F	高等教育局、スポーツ庁
12F	大臣官房（総務課、国際課）、国際統括官
11F	大臣官房（総務課）
10F	大臣官房（人事課、政策課）
9F	総合教育政策局
8F	初等中等教育局
7F	初等中等教育局
6F	国立教育政策研究所
5F	国立教育政策研究所
4F	大臣官房（会計課）
3F	講堂
2F	エントランスホール
1F	食堂

[旧文部省庁舎]	
6F	文化庁、講堂
5F	文化庁
4F	文教施設企画・防災部
3F	情報ひろば、図書館
2F	科学技術・学術政策研究所
1F	ラウンジ

出典）文部科学省ウェブサイトより作成

内へ移転する予定である)。多くの部局が居を構えたこの合同庁舎は高層ビルであり、3階から18階を文科省が使用している。大臣室など幹部フロアは11階に配置された。大臣を補佐する部門である大臣官房が10階から12階(会計課だけは4階)に配置された(図表1-2)。

　大臣官房フロアから下に向かって、文部系の総合教育政策局(9

階)、初等中等教育局(7~8階)、国立教育政策研究所(5~6階)、文化庁(旧庁舎5~6階)、文教施設企画・防災部(旧庁舎4階)が配置されている。これに対して、文部系の高等教育局とスポーツ庁、科技系は大臣官房フロアから上に向かって配置される。まず、高等教育局(13~14階)とスポーツ庁(13階)、そして科学技術・学術政策局(15階)、科学技術・学術政策研究所(16階)、研究振興局(17階)、研究開発局(18階)と配置されている。

つまり、大臣官房のフロアを挟んでちょうど6フロアずつが対照的に配置されている。ただし、高等教育局とスポーツ庁は文部系だから、大臣官房の上下で文部系と科技系がフロア数のうえで平等に分け合ったわけではない。

高層ビルではよくあることだが、低層階用エレベーターと高層階用エレベーターが別々に運用されている。官房フロアの4階、10階、11階、12階はどちらも停止するが、5~9階、13~18階は相互に直通するエレベーターがなく、乗り換えが必要となる。同じ文部系でも高等教育局は他の文部系との行き来が面倒になり、物理的にも心理的にも距離が拡がったという。フロア構成をよくみると、高等教育局と科技系の三局は同じ高層エリアにある。名称からみえてきた科学技術の守備範囲問題は物理的な面からも加熱しそうである。

本節は、文科省を仕事の範囲、人数、そして場という側面から考えてきた。そこからわかったのは、まず仕事の範囲がたいへん幅広いにもかかわらず、それを担う定員が中央省庁で最小だということだった。

続いて文部系の視点からまとめてみよう。仕事の範囲でみると、科学技術、そして高等教育分野で科技系と綱引きするようになった。また、統合当初は13万人を超える国立大学定員を内部に抱えていたが、今やその強みはない。国立大学を抱えた文部系が定員の面で科技系を圧倒していた期間は統合からわずか3年3ヶ月だった。

さらに業務の場であるフロア構成からも文部系と科技系の綱引きが起きているように思えてくる。

2　組織構成からみる文部・科技のバランス

この節では組織の面から文科省の特徴をみていく。まず、文科省でリーダーシップを発揮する大臣をはじめとする政務三役の役割について触れる。次に統合前の文部省と科技庁の組織をみた後、文科省組織の現状を文部系と科技系に分けて述べる。そこからわかるのは、文部系と科技系部局で組織のデザインがもともと異なっていたこと、そして統合後もその痕跡

図表 1-3　歴代文部科学大臣

内閣名	代	文部科学大臣名
森	1	町村　信孝
小泉	2	遠山　敦子
小泉	3	河村　建夫
小泉	4	中山　成彬
小泉	5	小坂　憲次
安倍	6	伊吹　文明
福田	7	渡海　紀三朗
福田	8	鈴木　恒夫
麻生	9	塩谷　立
鳩山	10	川端　達夫
菅	11	髙木　義明
野田	12	中川　正春
野田	13	平野　博文
野田	14	田中　眞紀子
安倍	15	下村　博文
安倍	16	馳　浩
安倍	17	松野　博一
安倍	18	林　芳正
安倍	19	柴山　昌彦
安倍・菅	20	萩生田　光一

出典）文部科学省ウェブサイトより作成

が残り、両者の動向に影響を与えたことである。

大臣

文科省のトップは文部科学大臣（文科大臣）である。前身の文部省時代には兼務を含めて文部大臣は１２５代、科技庁時代の科技庁長官は59代いた。２０２０年12月時点の萩生田《はぎうだ》光一《こういち》文科大臣は20代目にあたる（図表1-3）。

文部省以来、大臣には基本的に与党政治家が任命されるが、ときどき民間人から任命されることもある。そのなかには、かつて研究者から登用され「学者文相」と呼ばれた大臣もいた。たとえば、天野貞祐《ていゆう》（在任１９５０～１９５２年）、永井道雄《みちお》（同１９７４～１９７６年）、有馬朗人《あきと》（同１９９８～１９９９年）である。また、官界出身者から赤松良子《りょうこ》（同１９９３～１９９４年）、遠山敦子《あつこ》（同２００１～２００３年）が登用された例もある。

このポストは初入閣者が任命されることが多く、かつて「伴食大臣」と呼ばれ軽視された。鳩山由紀夫《ゆきお》内閣（２００９～２０１０年）以降でも11人が文科大臣となりそのうち８人が初入閣者である。ただ、歴代大臣をみると、森喜朗《よしろう》、海部俊樹《かいふとしき》という後の首相もいることから、必ずしもこうした評価がすべての大臣に当てはまるわけではない。ちなみに科技庁長官経験者で首相となった政治家には三木武夫《たけお》、中曽根康弘《なかそねやすひろ》、佐藤栄作《えいさく》、宇野宗佑《そうすけ》の4人がいる。

政務三役と事務次官

大臣に副大臣、大臣政務官の三つのポストを合わせて政務三役と呼ぶ。政務三役は与党と各省をつなぐ存在であり、日常的には省を代表するチームを構成する。主な業務は国会答弁、会議、省外との面会、省内との打ち合わせ、視察である。政務三役のなかでは国会答弁のほとんどを大臣が行う。ちなみに第18代の林芳正《よしまさ》文科大臣までで、在任一日あたり答弁数が最も多かったのは馳浩《はせひろし》文科大臣だった。他府省をみると副大臣、大臣政務官それぞれの人数は1人から3人と幅があるが、文科省には副大臣2人、大臣政務官2人が配置される。

文科省の場合、副大臣と大臣政務官でそれぞれ文科省の担当分野である教育、科学技術、スポーツ、文化から二つが指定される。たとえば、2020年12月時点でいうと、高橋ひなこ副大臣は科学技術と文化、田野瀬太道《たのせたいどう》副大臣は教育とスポーツ、鰐淵洋子《わにぶちようこ》大臣政務官は教育と文化、三谷英弘《ひでひろ》大臣政務官は科学技術とスポーツが担当である。副大臣と大臣政務官で二つの担当分野が重ならないよう工夫されている。

政務三役がチームとして動くために欠かせないのが共通認識をもつことであり、「政務三役会議」が定期的に開催される。また政務三役は省内幹部職員が集まる「省議」にも出席する。政務三役と幹部職員をつなぐのが事務次官である。事務次官は事務方トップのポストであり、多くの省庁では生え抜きのキャリア官僚が昇進レースの末に到達する。馳浩文科大臣時代の例では、政務三役会議は円卓で行われ5人の政務三役に事務次官が加わり6人で会議が行われた。また、最重要会議の「省議」でもこの6人が四角に机が配置された会議室の上座に横一列で並んだ。

文部省＋科学技術庁＝文部科学省？

文科省設置時点で、文部系の「教育三局」と科技系の「研究三局」、そしてスポーツ・青少年局の7局体制となった（図表1‐4）。文部系が6局から4局へ、科技系が5局から3局へ2局ずつ削減され、省庁統合の目的だった局数の削減が実現した。その後、2015年10月にスポーツ局・青少年局を母体にスポーツ庁が外局として置かれた。こうして2020年時点では大臣官房、教育三局、研究三局、スポーツ庁、文化庁の構成となっている。

統合前と統合後の組織を比べると、文部系と科技系それぞれの組織の名残が残り、文科省という一つの組織のなかで二つのかたまりが独自に動いているようにみえる。ただし、科学

図表 1-4　文部科学省の設置前後の組織

文部省（筆頭課）
大臣官房
生涯学習局（生涯学習振興課）
初等中等教育局（高等学校課）
教育助成局（財務課）
高等教育局（企画課）
学術国際局（学術課）
体育局（体育課）

科学技術庁（筆頭課）
長官官房
科学技術政策局（政策課）
科学技術振興局（企画課）
研究開発局（企画課）
原子力局（政策課）
原子力安全局（原子力安全課）

➡

文部科学省（母体となった主な局）
大臣官房
生涯学習政策局 （文部省の生涯学習局）
初等中等教育局 （文部省の初等中等教育局・教育助成局）
高等教育局 （文部省の高等教育局）
科学技術・学術政策局 （科技庁の科学技術政策局・原子力局・原子力安全局、文部省の学術国際局）
研究振興局 （科技庁の科学技術振興局・研究開発局・原子力局、文部省の学術国際局）
研究開発局 （科技庁の研究開発局・原子力局、文部省の学術国際局）
スポーツ・青少年局 （文部省の体育局、総務庁の青少年対策本部）

出典）国政情報センター出版局編『省庁再編ガイドブック〈政府案版〉』10-20頁より作成

技術・学術分野を中心とした科技系分野では総合調整（両者の垣根の解消）が進んでいる。

そもそも、文部省と科技庁の組織が単に足し合わされて文科省が誕生したわけではない。まず、文科省になる前の文部省と科技庁時代の組織の概要をみてみる。省庁の組織は大きく分けて大臣官房と原局に分かれる。大臣官房とは大臣を補佐する機能と省内全体をとりまとめる機能を担い、原局は具体的な業務内容を分担する。

局のなかで最も重視される局を「筆頭局」と呼び、機構図で最上位に記される。局には課が置かれ、最重要の課を「筆頭課」と呼ぶ。文部省には大臣官房と6局が置かれていた。あとでみるように、科技庁では筆頭課の名称に「政策」や「企画」が含まれ政策の「とりまとめ」が強く意識された。

文科省設置で特に大きかった変化は、科技庁の原子力局、原子力安全局が削減されたことである。原子力局は内閣府原子力委員会、経産省資源エネルギー庁、文科省へ、原子力安全局も内閣府原子力安全委員会事務局、経産省原子力安全・保安院、文科省へと分割された。「科技庁はどこへ行ったのか」(村上裕一《ゆういち》)と言われるゆえんであり、統合に際して科技系の受けた傷は浅くはなかった。また、生涯学習政策局、初等中等教育局、高等教育局は文部省時代からの「居抜き」の性質が強い一方で、科学技術・学術政策局、研究振興局、研究開発局は旧文部省と旧科技庁の「寄り合い所帯」の様相を呈した。

大臣官房と原局

一般に、大臣官房は省庁全体のとりまとめ役である。とりまとめとは部局同士の利害対立を調停したり、ある業務の担当部局を決めたりすることである。ある中央省庁の組織がどこまでまとまりをもつかを考える際に、官房部門が機能しているかどうかがポイントとなる。

文部省は大臣官房に人事課、総務課、会計課のいわゆる「官房三課」にくわえて、政策課、調査統計企画課、福利課を置き、さらに文教施設部も置いていた。こうした形態を「大官房制」という。また、当時、約13・3万人の教職員を擁する国立大学を抱えていたので、人事課、会計課の規模も大きかった。当時の人事課を知る元職員によれば、入省1年目の4月は国立大学の教職員の辞令交付のため、大臣印をひたすら押す毎日だったという。国立大学法人後はこうした業務は不要となった。

これに対して、科技庁は長官官房に秘書課（人事課と同じ機能）、総務課、会計課の官房三課のみを置く「小官房制」を敷いていた。

文科省の大臣官房には人事課、総務課、会計課、政策課、国際課の五課と文教施設企画部（のち文教施設企画・防災部）が置かれた（図表0-1）。官房三課に限定されない点で文部系の「大官房制」色が残った。官房三課の並びは人事、総務、会計であり、文部系、科技系両方を引き継いだものの、人事担当課の名称は文部系となった。このように大臣官房の組織は文部系のデザインとなった。各局が分立し大臣官房の地位が低い傾向が文科省の大臣官房にも引き継がれたことから、大臣官房のとりまとめ機能は発揮されにくい。

さらに、文部省と科技庁時代の原局のとりまとめ機能についてみてみよう。文部省は各局筆頭課の名称に「政策」「企画」が含まれていなかったことから、各局単位のとりまとめを重視しなかったと推測できる。この背景には、文部省が憲法に基づき義務教育を中心に固定的な仕事に従事する「制度管理型」省庁であり、もともと各局の独立性が高かったことがある。そもそも政策の調整の必要がないとさえいえ、大臣官房のとりまとめ機能の弱さにつながっていた。

他方、科技庁は筆頭課の名称に「政策」「企画」をもつ局が多かったことから、各局単位のとりまとめ機能を重視していたと推測できる。その背景には、科技庁自体が総理府に置かれ、省庁をまたいだ政策調整を設置当初からミッションとして与えられていたことがある。原子力安全局を除いた4局がそれぞれ政策調整機能を発揮し、特に筆頭局の科学技術政策局は初期の「科学技術基本計画」を担当していたことからも、とりまとめ機能は強く、その一方で長官官房の庁内とりまとめ機能は弱かったと思われる。

官房各課

文科省の官房各課は省内のとりまとめというよりは、次にみるように定型的な業務を行っている。

人事課は国立大学法人化後に省内の人事だけを担うようになり、本省の採用、研修、異動を行う。ただし、人事課がすべての人事を決定するわけではなく、おおむね課長級の人事までを担当し、それ以上の管理職員については、事務次官をはじめとする幹部職員や、内閣人事局が決定する。

総務課の主な仕事は国会と省との間をとりもつことである。与野党からの質問に対する答弁をどの局が担当するかを判断する。こういう「割り振り」が総務課の主たる仕事である。ちなみに、割り振られた局から差し戻され、どこの局が担当するか揉《も》める「振り揉め」が起こることもある。このほか、総務課は文科省の機構と定員を担当するので、総務課長は全省庁の定員管理を担当する総務省との折衝の窓口となる。

会計課の主な仕事は文字通り会計処理である。国立大学が法人化される前は国立学校特別会計を所管していたため、当時の会計課の業務量は膨大なものだった。国立大学法人化後は会計課の組織もスリムになった。

政策課の主な仕事は省内の政策の調整とされ「政策」という名がそれを表しているが、調整機能は弱い。そもそも文科省には五つの政策課が存在する。大臣官房のほか総合教育政策局、科学技術・学術政策局、さらに文化庁、スポーツ庁にも政策課が置かれている。文科省では省として政策のとりまとめが必要とされず、教育、科学技術、文化、スポーツのユニット別に政策が展開している。

国際課は全省的な国際的業務のとりまとめというよりは、大臣の補佐部門として、局長級の国際統括官を事実上のトップとして、大臣の教育外交や海外出張のお世話役（ロジスティクス、ロジ）をする。

原局各課の概要

各局「筆頭課」の名称には「政策」もしくは「企画」が含まれ、表向きとりまとめ機能が重視されるようになった。これは特に「教育三局」で文部省時代と大きく変わった点である。以下では、各原局各課の担当分野を概観し、文科省の組織デザインを貫く思想を読み解いていく。

教育三局――文部省以来の伝統を誇る教育界の守護

文部省の流れを汲《く》む「教育三局」は、初等中等教育局が初等中等教育（自治体の教育委員会が対象）、高等教育局が高等教育（国立大学をはじめとする大学が対象）、総合教育政策局の一部が生涯学習を独立的に担当する。組織図上は総合教育政策局がとりまとめる構造ではあるが、総合教育政策局には依然として原局の要素が残り、とりまとめ機能が十分ではない。

・総合教育政策局――教育政策のとりまとめと生涯学習

総合教育政策局（総合局）は2018年10月に生涯学習政策局（生涯局、俗に生局《なま》）を改組して設置された。生涯局は教育三局の「筆頭局」として位置づけられていたが、文部省時代の社会教育局以来の伝統があり原局の性質が色濃かった。この改組はそれを克服しようとしたが、依然として生涯局の色合いは残っており、局のミッションは教育政策のとりまとめと生涯学習の二本立てである。

まず一つ目のミッションである教育政策のとりまとめに関わる課として、政策課（筆頭課、中教審、教育振興基本計画）、調査企画課（基幹統計、全国学力・学習状況調査）、教育人材政策課（教員の養成・免許・研修を一元管理）、国際教育課（国際理解教育）が置かれている。二つ目のミッションを担当するのが、生涯学習推進課、地域学習推進課（青少年教育、家庭教育支援）、男女共同参画共生社会学習・安全課（外国人児童生徒指導、ネット犯罪被害防止）である。

・初等中等教育局——世界トップレベルの学力を実現する

初等中等教育局（初中局）は文部省時代から重要な位置を占めてきた。一局で２フロアを占める大所帯であり予算規模も大きい。学力、教科書の内容、いじめ、不登校といった政策課題が話題になるたびに批判されるのはこの初中局であるが、それは担当分野に対する社会の関心が大きいからともいえる。

初中局には、初等中等教育企画課（筆頭課、教育委員会）、財務課（１・５兆円の義務教育費

国庫負担制度)、教育課程課(学習指導要領)、児童生徒課(キャリア教育、生徒指導)、幼児教育課(幼児教育無償化)、特別支援教育課(特別支援学校、特別支援学級)、情報教育・外国語教育課(ICT環境整備、グローバル人材育成)、教科書課(教科書検定制度、教科書無償給与制度)、健康教育・食育課(学校保健教育〔喫煙、飲酒、薬物、性〕、学校給食)の9課が置かれている。

・高等教育局——大学の振興

高等教育局(高等局)のミッションは大学や大学院を中心とする高等教育の振興を図ることである。本来「振興」とは国が大学にあれこれ細かな指示をしたり、細かな基準で縛ったりせず、大学の自発的な動きを保障することを通じて、高等教育をよりよい状態にしていくことが想定されている概念であり初中局とは異なる。

高等局には、高等教育企画課(筆頭課、大学の設置認可)、大学振興課(入試と学位)、専門教育課(専門職大学院、専門職大学、高専)、医学教育課(医療人材養成)、学生・留学生課(奨学金と大学の国際化)、国立大学法人支援課(国立大学の支援)が置かれている。

高等教育段階には私学が多いこともあり高等局には私学部が置かれている。私学行政は一定のボリュームがあるため課ではなく部として構成され、私学行政課と私学助成課が置かれている。

研究三局――研究機関を所管する科学技術行政の要

主として科技庁に由来する局（科学技術・学術政策局、研究振興局、研究開発局）をあわせて「研究三局」という。「科学技術」は科技系の担当分野であるが、それに文部系由来の「学術」という要素が混じり合う「汽水域」といえるような場でもある。

・科学技術・学術政策局――科学技術イノベーションのとりまとめ

科学技術・学術政策局（科政局）は研究三局の「筆頭局」として位置づけられる。総合局同様に「政策」「企画」の名称をもつ課が三つあり、原局的要素は総合局よりも薄く、とりまとめ機能を強く意識している。具体的には人材育成、産学連携といった横断的・包括的政策を担う。

科政局には政策課（筆頭課、科学技術外交）、企画評価課（『科学技術白書』）、人材政策課（科学技術関係人材育成、スーパーサイエンスハイスクール）、研究開発基盤課（大型研究施設）、産業連携・地域支援課（大学発ベンチャー、技術移転）の5課が置かれている。

・研究振興局――スモールサイエンス

研究振興局（振興局）は研究を振興する点で次の研究開発局と重なるが、前者はスモールサイエンス、後者はビッグサイエンスに重点を置く。振興局が担当するプロジェクトには情報科学（人工知能、スーパーコンピュータ「富岳《ふがく》」）、ナノテクノロジー・材料科学技術（レアアース、嗅覚《きゅうかく》センサ）、素粒子・原子核（最先端加速器）に関するものがある。これらを通じて大学や国立研究機関における学術研究・基礎研究、政策課題に対応した科学技術の振興を図る。

振興局には振興企画課（筆頭課、日本学士院、独立行政法人日本学術振興会）、基礎研究振興課（素粒子科学技術、原子核科学技術）、学術機関課（大学共同利用機関法人）、学術研究助成課（科学研究費補助金〔科研費《かけんひ》〕）、ライフサイエンス課（脳科学、ゲノム医療）の5課が置かれている。

・研究開発局――ビッグサイエンス

研究開発局（開発局）は国家規模のビッグサイエンスを担う。代表的なプロジェクトには一般になじみのあるものが多い。宇宙（はやぶさ2、きぼう、こうのとり）、原子力（福島第一廃炉、核燃料サイクル、もんじゅ廃炉）、海洋（地球深部探査船ちきゅう、北極・南極観測）、環境エネルギー（次世代半導体、次世代蓄電池、気候変動対策、核融合エネルギー）、地震・防災（南海トラフ地震、首都直下地震、耐震技術）がある。

開発局には開発企画課（筆頭課、原子力の平和的利用）、地震・防災研究課（南海トラフ地震、首都直下地震研究）、海洋地球課（海底探査、南極基地）、環境エネルギー課（次世代半導体、核融合）、宇宙開発利用課（ロケット、人工衛星）、原子力課（原子力人材、核燃料サイクル）の6課が置かれている。


研究三局は、スモールサイエンス（振興局）とビッグサイエンス（開発局）の振興を図るが、あくまでおおよその整理である。両局とも文科省組織令で「研究開発」を担当することになっているため、実際には一部の業務が重複することもある。

「研究三局」全体の基調は科学技術というトップダウンによる「選択と集中」であるが、旧文部省の流れを汲む課もある。たとえば振興局には文部省の流れを汲む学術研究助成課が置かれているが、この課は研究者の自発性やボトムアップを重視する「学術」畑である。他方、同じ振興局のライフサイエンス課は科技庁時代の開発局に置かれていた課である。これは統合に際してそれぞれの局に置かれる課の数のバランスをとる必要があったからである。

とはいえ、文部系も入っている振興局にライフサイエンス課が置かれることで、その立ち位置が科技庁時代とは変わる可能性がある。あるいは振興局を科技色に染める橋頭堡《きょうとうほ》となるかもしれない。いずれにせよ、研究三局が「汽水域」のように文部系と科技系が混じり合う場となっており、こうした研究三局内の志向の違いを各局の筆頭課、そして筆頭局の科政局がとりまとめる構造となっている。

科学技術・学術政策局は「名は体を表す」の言葉どおり「科学技術」と「学術」の両者が同居している。「科学技術」は科技系の思想が込められた概念であり実社会への応用が重視される一方で、「学術」は文部系の歴史に裏打ちされた概念であり真理の探究に重きを置く。ただ「科学技術」が「学術」の前に置かれ、英語名称（Science and Technology Policy Bureau）には「科学技術」だけが残されたことからみて科政局は科技系寄りだと思われる。旧科技庁時代に各省庁を相手にとりまとめをしてきた研究三局のとりまとめ機能は教育三局よりも強いため、旧文部省を源流とする研究三局内の各課は旧科技的な性質を帯びていくと思われる。

また、研究三局が多くの国立研究機関を所管する点は、教育三局が教育機関を所管するのと似ている。科技系の発想で国立大学の活用を考えれば、高等局と研究三局との間でとりまとめの必要が生じる。さらに国立大学と国立研究機関を競争させるならば紛争の火種となる。

中央教育審議会

審議会は法令に基づいて設置される行政機関の一種であり、政策の基本方針を検討する「場」である。利害関係者や有識者が参加する政治参加制度でもある。文科省に関する審議会についてみると、文部系では中央教育審議会（中教審）、科技系では科学技術・学術審議会がそれぞれの分野を包括する審議会である。いずれの審議会も本省のスリム化に合わせて、文科省設置以前の文部省、科技庁それぞれの審議会を整理統合したものである。

中教審には本体としての総会があり、文科大臣が任命する30人以内の委員が任期2年で審議に当たっている（図表1-5）。2020年時点では第10期となっている。この総会は単独で具体的なテーマについて審議するというわけではなく、その傘下の分科会（教育制度分科会、生涯学習分科会、初等中等教育分科会、大学分科会）、部会に具体的審議を委ねることになる。

委員はいずれも有識者として並列に位置づけられる特徴がある。他省庁では、総務省所管の地方制度調査会は学識経験者、国会議員、地方六団体のカテゴリ別に任命される。また厚労省所管の労働政策審議会は「公労使」三者10名ずつ合計30名の委員で組織される（公益代表委員・労働者代表委員・使用者代表委員）。

中教審委員の属性をよくみてみると、自治体教育長、校長会、ＰＴＡ団体といった業界代表と思われる委員がいるほか、何期も委員を歴任する大学関係者もいる。全体としてみると

図表 1-5　中央教育審議会 委員名簿（10 期）

会長	渡邉　光一郎	第一生命ホールディングス株式会社代表取締役会長、一般社団法人日本経済団体連合会副会長
副会長	永田　恭介	筑波大学長
副会長	天笠　茂	千葉大学特任教授
	明石　要一	千葉敬愛短期大学学長、千葉大学名誉教授
	荒瀬　克己	関西国際大学学長補佐・基盤教育機構教授
	有信　睦弘	東京大学未来ビジョン研究センター特任教授、東京大学大学執行役・副学長
	今村　久美	認定特定非営利活動法人カタリバ代表理事
	牛尾　奈緒美	明治大学情報コミュニケーション学部教授
	加治佐　哲也	兵庫教育大学長
	亀山　郁夫	名古屋外国語大学長
	菊川　律子	前放送大学福岡学習センター所長、九州電力株式会社取締役
	木場　弘子	フリーキャスター、千葉大学客員教授
	清原　慶子	杏林大学客員教授、ルーテル学院大学学事顧問・客員教授、前東京都三鷹市長
	小林　いずみ	公益社団法人経済同友会副代表幹事、ANA ホールディングス株式会社取締役、三井物産株式会社取締役、株式会社みずほホールディングス取締役
	今野　享子	気仙沼市立気仙沼中学校長
	志賀　俊之	株式会社 INCJ 代表取締役会長 (CEO)
	竹中　ナミ	社会福祉法人プロップ・ステーション理事長
	中野　留美	岡山県浅口市教育委員会教育長
	西橋　瑞穂	鹿児島県立甲南高等学校長
	萩原　なつ子	認定特定非営利活動法人日本 NPO センター代表理事、立教大学社会学部教授
	橋本　幸三	京都府教育委員会教育長
	長谷川　敦弥	株式会社 LITALICO 代表取締役社長
	東川　勝哉	公益社団法人日本 PTA 全国協議会顧問
	日比谷　潤子	学校法人聖心女子学院常務理事
	堀田　龍也	東北大学大学院情報科学研究科教授
	道永　麻里	公益財団法人日本学校保健会副会長
	村岡　嗣政	山口県知事
	村田　治	関西学院大学長、学校法人関西学院副理事長
	吉岡　知哉	独立行政法人日本学生支援機構理事長

注）2019年 2 月15日発令。役職は 2020年 7 月 1 日現在
出典）文部科学省ウェブサイトより作成

教育関係者の各種団体がいわば「指定席」を占める傾向が強い。ただ、ある事務次官経験者の証言によれば、そのときどきの政権や文科大臣の意向が反映されることはあるようだ。ちなみに、第8期以降3代続けて財界関係者が会長に就いてきた。

文部省時代は中教審が教育政策立案の「総本山」であり、文科省となってからしばらくの間は同様だった。中曽根首相が設置した臨時教育審議会（臨教審）は首相主導の教育改革を目指したさきがけであったが、それは例外的だった。これに対して文科省となって以降、第一次安倍政権の「教育再生会議（2006年10月）」、第二次安倍政権の「教育再生実行会議（2013年1月）」といった官邸主導の会議体が設置された。特に教育再生実行会議では与党の教育再生実行本部との阿吽《あうん》の呼吸により、政策の大方針を打ち出し、それを中教審が具体策に落とし込む「分担（発注・下請け）関係」ができあがった。

科学技術・学術審議会

科学技術・学術審議会も総会と分科会・部会の組織や委員の人数と任期など中教審と同様の構造になっている。

第10期の機構については、まず、6つの分科会（研究計画・評価分科会、資源調査分科会、学術分科会、海洋開発分科会、測地学分科会、技術士分科会）がある。さらに4つの部会（基礎

図表 1-6　科学技術・学術審議会 委員名簿（10 期）

会長	濵口　道成	国立研究開発法人科学技術振興機構理事長
	青木　節子	慶應義塾大学大学院法務研究科教授
	小縣　方樹	東日本旅客鉄道株式会社常勤顧問
	甲斐　知惠子	東京大学生産技術研究所特任教授、東京大学名誉教授
	梶原　ゆみ子	富士通株式会社理事
	春日　文子	国立研究開発法人国立環境研究所特任フェロー
	勝　悦子	明治大学政治経済学部教授
	岸本　喜久雄	国立教育政策研究所フェロー、東京工業大学名誉教授
	栗原　和枝	東北大学未来科学技術共同研究センター教授
	栗原　美津枝	株式会社価値総合研究所代表取締役会長
	小池　俊雄	国立研究開発法人土木研究所水災害・リスクマネジメント国際センター長
	小長谷　有紀	独立行政法人日本学術振興会監事
	五神　真	東京大学総長
	白石　隆	公立大学法人熊本県立大学理事長
	白波瀬　佐和子	東京大学理事・副学長、大学院人文社会系研究科教授
	鈴木　桂子	神戸大学海洋底探査センター客員教授
	須藤　亮	一般社団法人産業競争力懇談会専務理事／ COCN 実行委員長、株式会社東芝特別嘱託
	角南　篤	公益財団法人笹川平和財団常務理事・海洋政策研究所所長、政策研究大学院大学学長特別補佐
	辻　ゆかり	NTT アドバンステクノロジ株式会社取締役、IOWN 推進室長、ネットワークイノベーション事業本部副本部長
	十倉　雅和	住友化学株式会社代表取締役会長、一般社団法人日本経済団体連合会審議員会副議長
	中田　薫	国立研究開発法人水産研究・教育機構理事
	西尾　章治郎	大阪大学総長
	橋本　和仁	国立研究開発法人物質・材料研究機構理事長
	長谷山　彰	慶應義塾長
	平田　直	国立研究開発法人防災科学技術研究所参与兼首都圏レジリエンス研究推進センター長
	福井　次矢	聖路加国際病院長
	藤井　輝夫	東京大学大学理事・副学長
	宮浦　千里	東京農工大学副学長
	観山　正見	広島大学特任教授

注）2020年 6 月26日現在
出典）文部科学省ウェブサイトより作成

研究振興部会、研究開発基盤部会、産業連携・地域支援部会、生命倫理・安全部会）と4つの委員会（国際戦略委員会、情報委員会、人材委員会、総合政策特別委員会）が置かれている。

委員については、会長には国立研究開発法人理事長が就いており、そのほかに研究開発法人関係者、大学教員、企業研究者、病院関係者等が任命されている（図表1-6）。

科学技術・学術審議会の位置づけは注意を要する。法令上、中教審は教育政策に関する審議会として最上位に位置するのに対して、科学技術政策は総合科学技術・イノベーション会議（CISTI〔システィ〕、設置当初は総合科学技術会議）がさらに上位に位置する。CISTIは議長を内閣総理大臣が務め、議員14人のうち7人以上を有識者とする「重要政策に関する会議」の一つである。担当政策分野の司令塔として各省より「一段高い」立場から政策の企画立案と総合調整を行う。

このCISTIの役割の一つが「科学技術基本計画」の策定である。科学技術・学術審議会はCISTIの基本計画の具体的審議に先だって検討を行い、人材育成、基礎研究重視を提言してきたが、制度的には、科学技術・学術審議会の提言がCISTIに尊重されるようになっていない。このように、科学技術政策全体のとりまとめに関してCISTIが科学技術・学術審議会に優越する。

均衡状態のゆくえ

この節では組織の面から文科省の特徴をみてきた。文科省は教育三局と研究三局に分かれ、統合前の旧文部省と旧科技庁それぞれの流れを汲む組織編制となっている。教育三局では各原局の独立性が高いが、科技庁由来の研究三局では政策の調整や統合を行いやすい。省全体をみると、たとえば高等局が文部系と科技系の係争地となりうるため、不用意に大臣官房のとりまとめ機能を強化できないように思える。文部省時代は国立大学を高等教育機関として扱ってきたが、科技庁と統合した文科省では国立研究機関と同様に科学技術の「孵《ふ》卵器《らんき》」としても期待するようになる。教育三局の城壁を越えて科技系的発想が浸透する可能性が出てくる。

文部系からみれば、国立大学は「学術」の中心地であるが、科技系にとっては、「科学技術」に貢献する国立研究機関と同様の「手足」の一つに映る。こうした文部系と科技系の出会う高等教育局や研究三局は、あたかも淡水と海水が混じり合う「汽水域」のような場となる。局内外の環境が変われば両者の均衡状態が崩れることもあるが、それは第2章以降でみていこう。

3　揺らぐ機関哲学

本節は、文科省の設置以降、その組織を貫く「機関哲学」（省の大目標）がいかに変化したかを読み解く。具体的には、それまで旧文部省が担ってきた教育政策の基調の変化をみていく。文科省の教育政策は主に初等中等教育（義務教育と高校教育）と高等教育に分けられる。このうち高校教育は、教員給与も校舎建設も都道府県の財源で賄ってきたため、文科省には機関哲学というほどのものはなかった。従来、義務教育では「機会均等」を重視した平等志向が「機関哲学」であった。それを反映していると思われるのが、筆者たちが行った文科省サーベイの「〝政府の主要な課題は、地域間格差の是正だ〟という意見がありますが、どう思われますか。」という質問に対して、７割が肯定的回答をしたことである。しかし「外圧」に押され、揺らぎや混乱がみられる。他方、国立大学の「護送船団方式」をとってきた高等教育では、科技系の政策基調を反映し「選択と集中」を目指した大学の種別化と競争原理重視が導入されはじめた。組織の哲学が変化しつつあるのだ。

義務教育の機会均等

旧文部省が所管してきた義務教育制度は「機会均等」の実現を目指してきた。たとえば、義務教育費国庫負担法の目的を示した第一条には、教育の機会均等とその水準の維持向上が謳われ、公立小中学校の教員給与の一部を国が負担することで全国どこでも一定の能力をもつ教員を雇用できるようにしてきた。この義務教育費国庫負担制度については第3章で詳しく紹介する。また、へき地教育振興法でも地域間の機会均等に関する文言が含まれている。文科省は文部省以来の伝統的スタンスとして義務教育の機会均等を「機関哲学」としてきた。そのために文科省は地方自治体や学校をある程度コントロールすることも辞さなかったが、財政削減といった「外圧」を受け、後にみるように、地方自治体が「自腹」を切ることに期待するようになるなど、このスタンスにやや変化がみられる。

カリキュラム——学習指導要領と教科書検定

義務教育は各学校段階のなかで文科省がこれまで最も強く統制してきた領域である。先に簡単に紹介した義務教育費国庫負担制度を前提に、教育の中身にも口を出すことで全国的な教育水準の底が抜けないように下支えをしてきた。たとえば、学習指導要領が国としてのカリキュラム（教育内容）を定め、検定教科書がそれを具体化してきた。

学習指導要領は戦後、教育内容の国家レベルのガイドライン（「ナショナル・カリキュラム」）として策定された。最初のものは1947年に「学習指導要領（試案）」として策定され、「試案」の名称どおり、学校にあれこれ指図するようなものでなく、学校に多くの裁量を認めた。その後、1958年に文部大臣「告示」の形式で策定された学習指導要領からは「法的拘束力」が付与され、国公私立を問わず全国の小中学校、高校は遵守を求められるようになった。その後、学習指導要領はおおよそ10年周期で改訂されてきた。学習指導要領は、教科の専門職である教員出身の教科調査官と、キャリア官僚が協働して策定する。

近年、学習指導要領が注目されたのは、21世紀はじめにかけて「ゆとり教育」が謳われたときである。小中学校の学習指導要領は2002年度から、高校では2003年から使用開始された。「手計算するときに円周率を3としてもよい」という学習指導要領の内容が「円周率を3と教えるべき」と誤認されたことがきっかけとなり、ゆとり教育批判が沸き起こった。その後、国際学力調査で日本の順位が低下したことでその批判は加熱した。

カリキュラムに対する過剰な期待はますます文科省にプレッシャーをかけるようになった。その反動でたくさんの「〇〇教育」が学習指導要領に詰め込まれるようになった。直近の学習指導要領で導入された小学校英語教育やプログラミング教育はその典型である。学習指導要領の取り扱いに関しては、地方自治体や学校は各教科の内容をうまく組み合わせて授業時数を圧縮できるものの、現実には保護者や地域社会からの期待に抗しきれず、（コロナ禍の前から）夏休みの短縮や土曜授業が多くの地方自治体や学校で行われるようになった。そこまでしてカリキュラムを消化しなければならない状態は明らかに過剰負担である。

このように、社会の期待に文科省は可能なかぎり応えようとして、かえって学校に大きな負荷をかける。すると、それに応えられる学校と応えられない学校に格差が生じる。文科省は、学習指導要領を通じて日本の教育内容をコントロールできると考えているため、結果的に社会の期待を学校に転嫁してしまうことになる。文科省は教育の機会均等のために学習指導要領を活用しているつもりで、その逆機能が生じているといえる。

教育内容のガイドラインである学習指導要領が決まると、次に教科書づくりが始まる。教科書は民間教科書会社が作成するが、文科省の検定を受けて合格したものだけが学校で教科書として使用される。歴史教科書の記述内容の検定をめぐって国内政治が過熱したり、国際問題になることもある。この検定の流れは次のように文科省が行う。まず文科省職員である教科書調査官が内容を調査する。その後、教科用図書検定調査審議会で専門家たちによって審議され、検定合格・不合格が決められる。小中学校で使用される教科書はこの検定に合格したもののなかから採択される。

このように、カリキュラムを構成する学習指導要領と教科書は文科省が決める。その根拠となるのはもちろん法令である。学習指導要領については学校教育法施行規則の改正を受けた大臣名による告示の形式で効力が発生する。学校教育法施行規則は省令であり、告示が大臣名であるということは、他府省や政治家の干渉を（建前上は）受けずに文科省単独で決められるということだ。

教科書検定については、教科用図書検定基準が告示の形式で決まっている。審査の観点は（1）学習指導要領への準拠性、（2）児童生徒の発達段階への適応性、（3）教材の客観性・公正性・中立性、（4）内容の正確性である。

日本国内の小学校、中学校、そして高等学校のカリキュラムはこうして全国均一な内容となっている。審議会の議論を経て、最終的には文科省が判断する。この背景には政治家がカリキュラムに影響力を行使するのを避けるという考えがある。

最低基準として

カリキュラムは個々の学校、市町村教育委員会、都道府県教育委員会で自由に策定されるべきという考え方もあるが、現行では文科省がカリキュラムの大枠を決め、その枠内での創意工夫が求められている。

だからすべての教科を英語で教える公立小学校は登場しようがないし、芸術科目を重視してそれらの授業時数を大幅に増やす公立中学校も認められない。まして教員自ら編纂《へんさん》したものを教科書として使用するわけにはいかない。私立学校でさえ学習指導要領に準拠する必要がある。

ただし、ゆとり教育批判以降、文科省のスタンスが変わったのもたしかである。かつては学習指導要領は「最低基準」として策定されながら、運用上は事実上の「最高基準」でもあった。つまり、地方自治体や学校は学習指導要領どおりに教える必要があったが、今では文字通り「最低基準」として機能するようになり、その結果、地方自治体や学校は応用問題や発展的な内容の部分では、自らの判断で工夫を凝らすことができるようになった。地方自治体の「自己責任」原則が入ったことで、学習指導要領の「上乗せ（サービス水準を基準以上に設定すること。たとえば発展的な内容を教えること）」競争が始まった。今や文科省に自治体の独自の動きを制限する余裕はない。

教員免許を閉鎖制へ

文科省は、カリキュラムに基づいて教室で教える教員を、免許制度を通じて統制している。日本では小学校、中学校、高校の教壇に立つためには教員免許が必要であり、教員免許を授与されるためには大学の教員養成課程で必要な単位を取得し実習を行わなければならない。

特に小中学校教員の教員養成は国立の教員養成大学が主に担ってきた。

戦後日本では「開放制」という教員養成の仕組みが採用された。国公私立いずれの設置形態の大学でも、そしてどのような学部に在籍していても、教職課程のカリキュラムさえ履修すれば教員免許が与えられる。これと反対の仕組みが「閉鎖制」教員養成であり、戦前日本の師範学校がその典型である。職業学校としての師範学校に通うことで初めて教員への道がひらかれた。

規制改革の観点から教員免許制度を参入障壁とみなし、その自由化を求める声が高まったことがある。２００５年７月の「規制改革・民間開放推進会議」の教育ワーキンググループは文科省の後ろ向きな姿勢を批判した。教員免許の自由化を主張する会議側委員に対して、文科省はのらりくらりとその圧力をかわし教育の専門性を免許状で担保するという構図を守ろうとした。

さらに文科省は、教員の質向上を求める声に対応しようと、これまでの教員養成の開放制原則を放棄し、事実上の「師範学校」的なものにしようとしている。つまり教職課程の認定のハードルを上げ、教職課程で開講される授業内容を科目ごとに事細かく定めるだけではなく、担当する教員の業績審査も厳格化した。こうした負担に耐えかねて一部の大学や学部では教職課程を返上する動きが出てきた。たとえば、これまで早稲田大学大学院政治学研究科政治学専攻では中学校社会、高等学校公民の免許状が取得できていたが、2019年度入学者からは取得できなくなった。教職課程のハードルが上がれば教員の質は高まるかもしれないが、教員の視野を狭め、集団としては多様性に欠けるようになるかもしれない。

いずれにせよ、教員養成について文科省は開放制の原則から閉鎖制へ舵《かじ》を切り統制を強めた。さらに2009年には教員免許更新制度も導入されたことを合わせて考えると、文科省はどうやら教員養成・免許制度の自由化に対して強く抵抗し、教育内容まで含めた義務教育の機会均等を守ろうとしているようだ。

学校設置基準と学級編制の標準

カリキュラム以外に教育サービスの質を決めるものとして、施設の水準や一学級あたりの生徒数（クラスサイズ）がある。文科省はこうした外形的基準も策定し、全国に適用してきた。それまで各補助金の要件に盛り込まれていた学校の設置基準については、2002年に初めて「小学校（中学校）設置基準」として明確に定められた。そこではクラスサイズを40人以下とすること、同学年の児童で学級を編制することが定められている。また、校舎には教室、図書室、保健室、職員室、運動場、体育館を備えるものとされ、校舎と運動場には必要な面積が児童数に応じて定められている。

クラスサイズについては「義務標準法」でより詳細に定められている。2000年代初頭、この義務標準法の運用をめぐって文科省は一部の都道府県教育委員会とやり合った。たとえば、山形県は知事の意向で県独自に教員を雇用して小中学校すべての学級を33人以下とする方針を固めた。文科省は当初これに対して強く難色を示したが最終的にはこれを認めた。難色を示した背景の一つは、義務標準法の精神にある。

この法律の制定は1958年だったが、当時地方財政が困窮していたため、地域によっては一学級60人といった劣悪な状態だった。全国一律の取り扱いをすることで、富裕県だけが少人数学級を行うのを阻む狙いがこの法律にはあった。もともと全国同一の標準で自治体の動きを統制する意思があった。

もう一つの背景は少子化である。2010年度のデータしかないが、35人以下の学級に在籍する小学生の数はすでに全体の7割を超えている。自治体が自腹を切って小さくした学級に在籍する小学生は全体で1割ほどである。わざわざ全国の足並みを乱してまで導入する必要はないと文科省は考えたのである。

2000年代中頃には、文科省は地方自治体が「自腹」を切ってまで少人数学級を行おうとする場合には認めるようになった。しかし、40人以上を一つの学級（たとえば50人学級）にすることは認めていない。このように、カリキュラム同様、文科省の定めるサービス水準を上回ることを容認するようになった。こうした地方自治体の動きを「上乗せ（サービス水準を基準以上に設定すること。たとえば30人学級）」もしくは「横出し（サービスの範囲を拡大すること。たとえば、特別支援教育に従事する支援員を雇用すること）」という。

学校選択への抵抗

ここまで述べてきたことからわかるように、統合前の文部省は「サプライサイド（供給側）」の統制を重視し、そのための手段に磨きをかけてきた。これは教育サービスの供給量と質をコントロールすればよいという発想である。他方、「ディマンドサイド（需要側）」である生徒についてもやはり統制を図ってきた。以下、就学校指定についての「規制緩和」をめぐるエピソードから、文科省の「機会均等」へのこだわりをみてみよう。

「就学校指定」とは市町村内に小中学校が複数存在する場合に、市町村教育委員会が入学前の生徒に対して就学すべき学校を指定する仕組みのことであり、生徒にとっては選択の自由がない。しかし、2000年代前半から小泉政権で進んだ「規制改革」の波が文科省を襲った。消費者の選択の自由を重視する規制改革派は文科省に学校選択の自由化を強く求めた。結果的に文科省は学校選択の一部自由化をしぶしぶ受け入れた。

その過程を振り返ると、いかに文科省が学校選択を警戒していたかがわかる。「規制改革・民間開放推進会議」の議事録からは、会議の委員と文科省が正面からぶつかり合った様子が伝わってくる。推進側は就学校指定の全廃を求めたが、文科省はあくまで就学校指定制度を前提とした規制緩和を主張した。２００５年７月のある回では、文科省の担当課長は「学校選択制に関するデータを文科省は持ち合わせていない」とのらりくらりと会議側委員の追及をかわし、そのあげくに推進側の委員から「あなたはこの場にいるのに不適格です」「こんなひとを相手にしても仕方がない」とまで非難された。

そこまで言われても文科省は就学校指定制度を固守した。その背景にあったのは、やはり教育サービスの需給調整に対するこだわりである。「すべての学校で同一内容のカリキュラムを同一水準の教員を通じて学べる」構図は崩したくなかった。「教育の機会均等」という大前提からすれば、学校選択を通じて学校が切磋琢磨し教育サービスが向上するという図式は到底受け入れられない。

なお文科省のウェブサイトで公開されている全国の学校選択制の実施状況は２０１２年度時点のものが最新であり、その時点で16％の自治体で小中学校の学校選択制を導入していた。学校選択制が話題になったときだけ調査をするのは、制度を所管する中央省庁としての消極的なスタンスを物語る。

国立大学護送船団方式の終わり

高等教育は文科省設置以降「選択と集中」原理が一気に拡がった分野である。ここでいう「高等教育」は四年制大学と大学院を指し、特に国立大学を念頭に置く。国立大学は2004年に99の国立大学が89の国立大学法人に再編され再スタートした。その後、富山大学と大阪大学を軸とした2件の統合が行われ、2020年時点で86大学となっている。

かつて国立大学には教員数や学生数に応じて文科省から十分な資金が配分されていた。それを支えていたのが「国立学校特別会計制度」であった。法人化に際しては大学運営の自由度を高めることが謳われたが、それは同時に、従来の護送船団方式が終わり、競争状態に置かれることも意味した。具体的には国立大学の種別化が三段階で進んだ。

第1段階として2013年に「ミッションの再定義」が公表された。これは文科省が各大学の分野に強み・特色・社会的役割（ミッション）を整理させ、公表したものである。

第2段階が文科省から国立大学法人への交付金改革に絡めた「大学の三類型化」である。大学自ら一つを選択するという手順を経て、2016年度から①地域のニーズに応える人材育成・研究を推進（55大学）、②分野ごとの優れた教育研究拠点やネットワークの形成を推進（15大学）、③世界トップ大学と伍して卓越した教育研究を推進（16大学）へと類型化された。

そして、今のところ最後の第3段階が「指定国立大学法人」制度である。いわゆる研究大学のなかでも世界の有力大学と伍していく大学として、2017年6月に3大学（東北大学、東京大学、京都大学）が指定された。その後2018年3月に2大学（東京工業大学、名古屋大学）、同年10月に1大学（大阪大学）、翌2019年9月に1大学（一橋大学）、さらに2020年10月に2大学（筑波大学、東京医科歯科大学）が追加指定され合計9大学となった。かつて「旧帝国大学7校（北海道、東北、東京、名古屋、京都、大阪、九州。旧7帝大ともいう）」が一つのグループとして扱われてきたが、この指定国立大学法人制度はこれまでの研究大学の枠組みを大きく変えた。

これらの動きは明らかに護送船団方式とは異なる。全体をグループに分け、さらにグループ内で競争を煽《あお》るやり方である。指定国立大学法人となってもそのなかでの競争を強いられる。

資金の面でも大きく変わった。国立大学法人の収入源は主として文科省からの運営費交付金、学生納付金（授業料）、競争的資金からなる。国立大学協会の2018年の資料によれば、法人化された2004年度の収入（附属病院収益を除く）に占める運営費交付金のシェアは国立大学全体で64％だった。ところが2016年度にはそれが51％にまで減少した。そのかわりにシェアを伸ばしているのが競争的資金であり、同じ期間に11％から20％に拡大した。

競争的資金のシェアが増えればそれを獲得できる大学に資金が集中する。明らかに護送船団方式がうち捨てられたことがわかるだろう。この点は第3章第3節で詳しく説明する。

科技系の科学技術・学術政策局がとりまとめる『科学技術白書』の2005年度版には、国立試験研究機関（科技系所管）・国立大学（文部系所管）等をより「競争的」な環境に置き、多様化・個性化を図るために両者の法人化が実施されたと記されている。他方、同じ時期に文部系部局が作成したと思われる「国立大学の法人化をめぐる10の疑問にお答えします！」というアットホームな雰囲気の問答集がある。そこには小規模大学であれば大学全体が一丸となりやすいといった、競争の不安を煽らず、むしろ小回りが利く強みが強調されている。

しかし、実際には科技系の白書が率直に示したとおり、法人化に伴い、国立大学全体の護送船団方式は過去のものとなり、大学間の熾烈《しれつ》な争いの火蓋《ひぶた》が切られ、さらには国立研究所との競争にも突入していったのである。

選択と集中へ

本節では文科省の機関哲学がどのように変容したかを概観してきた。具体的には教育政策の対象分野を義務教育、高等教育に分けてみることで、官邸や自治体といった外圧や、統合相手の科技系からの内圧を受けながら変化した流れが確認できた。

義務教育に対して、文科省は「教育の機会均等」を守るために、カリキュラムやクラスサイズといった教育サービスの水準について自治体の自由度を抑制する傾向があった。しかし、カリキュラムは社会の期待が大きすぎてかえって学校、教員、児童生徒に負担をかけるようになり、クラスサイズは自治体任せとなった。教員免許、学校選択制などについては自由化圧力に晒《さら》されているが、教員養成では時計の針を戻すかのような統制的動きもみられる。皮肉なことに文科省が改革圧力に真面目に対応しようとするほど、それを実行する自治体や学校に負担がかかるようになり、格差が生じやすくなった。こうしたことが起こるのは、文科省が依然として自治体と学校を一定程度グリップしているからであり、図らずも「選択と集中」が実現しやすい環境となった。この意味は第3章第1節、第4章でさらに考えていく。

高等教育に至っては、もはやかつてのような国立大学の護送船団方式は消え去り、文科省が旗振り役となって、すっかり減ってしまったパイをめぐって国立大学同士が弱肉強食の「分捕り合戦」を行っている。この詳細は第3章第3節、第5章でみていく。

＊

本章では、文部省と科技庁が統合して誕生した文科省の組織を、文部系と科技系の関係からみた。高等教育局や研究三局が両者の「汽水域」となり、科技系の論理が文部系を凌駕する可能性を指摘した。また、機関哲学の観点からも、外圧を受けたことで、科技系が得意とする「選択と集中」路線が強まっている様子を示した。次章では文科省で働く職員に注目し、文部系と科技系の関係をさらにみていく。

第2章　職員たちの実像

第1章では文科省の組織に注目したが、本章は組織のなかで働く文科省の職員に注目する。まず第1節でいわゆる「キャリア官僚」と呼ばれる職員に焦点を当てる。財務省や経産省といった「花形」省庁と比較して、文科省の職員にはどのような特徴があるのだろうか。次に第2節ではキャリアとノンキャリアそれぞれの典型的な職業人生（キャリアパス）を紹介する。両者の昇進スピードと業務内容にはどのような違いがあるのだろうか。そして、第3節では文科省となってからの幹部職員のポストを文部系と科技系でどのように分け合っているかみていく。

1　文科官僚――特急券をもつ者たち

文科省の組織は文部系と科技系の部局に分かれているが、実際の職員はどのように採用されるのだろうか。文科官僚には他省庁と比べてどういう特徴があるのか。本節では、文科省の採用情報をもとに、文科官僚の実像に迫る。

キャリアと昇進

「国家公務員」と「官僚」という言葉の意味には、重なる部分がありつつも完全に重なりはしない。ここでみる官僚はいわゆるキャリア組のことを指すことが多い。興味深いことに、2010年代以降、課長補佐級以下の若手職員が官僚とあまり自称しなくなった。これは「官僚」が自他ともに「特権階級」と認識された時代が過去のものとなったことを示している。

ところで、キャリア、キャリア組、キャリア職員、キャリア官僚（同義反復気味であるが）というのは和製英語であって、英語では「fast-track bureaucrats」という。文字どおり「特急券をもつ者たち」である。他方、一般職であるノンキャリアは「兵卒」を意味する語を用いて「rank-and-file bureaucrats」という。本節ではまずキャリアに注目する。

キャリアは各省庁共通の難関の国家公務員総合職試験を突破し、各省庁の行う採用面接を経て幹部候補生として採用される。官邸主導の深化に伴って、幹部職員の人事が内閣人事局で行われるようになったが、採用については人事院が関わるとはいえ、最終的には各省庁が独立して行う。

以前であれば、キャリアとして採用されれば誰もが課長まで昇進できるように人事が運用されてきた。キャリアはノンキャリアと比較して昇進スピードが速く、複数の局を異動し幅広い視野を身につけ「ジェネラリスト」の幹部として育っていく。課長を過ぎたあたりから同期が徐々に本省を去っていくようになり、同期から事務次官が出ればその他のキャリアは退職するのが慣例だった。

ただし、近年では再就職規制が強化され、本省にとどまる者も多い。上が滞留すれば下が詰まるのは道理である。そのため課長になる年齢が上昇するなどの変化が生じており、若手職員の意欲の低下が危惧《きぐ》されている。さらにキャリアの処遇の変化を示すのがノンキャリアの抜擢《ばってき》である。文科省ではノンキャリアが課長に登用されることは以前からあったが、より上位の審議官、局長、次官級ポストに登用されるケースも出てきた。能力本位の人事の時代が来たといえる。

文科官僚の採用

文科官僚たる文科省のキャリアは毎年30人程度が採用される。「事務系」は文部系、「技術系」は科技系に対応し、今も旧省庁のグループで人事をしている。なお、文部省時代から文教施設に関する職員を「施設系」として若干名採用している。採用という入り口段階で文部系と科技系が分かれていることは採用窓口の違いにもはっきり現れており、事務系、施設系、技術系それぞれ別々の問い合わせ先が指定されている。

ところで国家公務員総合職試験で一般にイメージされるのは「法律」区分である。しかし、実際には多くの試験区分がある。文科省では事務系と技術系で採用対象とする試験区分が異なる。事務系の大学院修了者については行政、人間科学、工学（施設系）、法務を対象とし、大卒程度では政治・国際、法律、経済、人間科学、工学（施設系）、教養を対象とする。一方、技術系では工学、数理科学・物理・地球科学、化学・生物・薬学、農業科学・水産、農業農村工学、森林・自然環境を対象とする。

文科省はこのように試験区分による採用上の区別を行っている。文科省が試験区分による区別を行う背景には先に述べた文科省誕生以来続いている文部系、科技系それぞれのグループの存在がある。これに対して、たとえば財務省では事務系区分（法律など）、技術系区分（工学など）、さらに教養区分（専門科目がなく受験しやすい）、法務区分（司法試験合格者対象）を区別せず採用している。また採用後の職務についても、試験区分による区別はないとウェブサイトには記されている。

さて、ペーパー試験を突破すると面接試験が待っている。これを「官庁訪問」と呼ぶ。官庁訪問は5回にわたり行われるが、文科省の場合、その集合場所も事務系と技術系で分かれている。官庁訪問で使用する面接シートも統一されず、事務系、技術系それぞれの様式が用意されている。

このように入り口の異なる採用試験を経て文科省の採用活動は進められる。２０２０年度入省組では事務系・施設系が24人（うち女性12人）、技術系13人（うち女性３人）が採用された。同年度の他省庁の採用予定数は、最も多い国交省で１２３人、次に農水省１１１人、厚労省55人、経産省50人、総務省49人である。あとは30人台以下であり、文科省もここに属し、１府12省庁のうち少ない部類である。文科省はもともと本省定員が少なく地方支分部局もないため、採用者数が少ないのは自然なことである。

なお、統合直前の２０００年に文部省本省定員が１５３９人、科技庁本庁定員が５６７人だった。近年の総合職（キャリア）、一般職（ノンキャリア）の事務系と技術系の採用者の比率がそれぞれおおよそ2対1と3対1であることを考えると、科技系（技術系）の方が文部系（事務系）よりもキャリアの占める比率が高いことがわかる。

多様性の「優等生」

かつて官僚が東京大学法学部出身者によって占められているといった批判があった。そこで2009年度から2012年度までのごく限られた時期だけ出身大学と学部などを省庁別に公表したことがある。ここでは2012年度のデータをみてみよう。文科省全体で事務系Ⅰ種（当時のキャリア採用）33人が採用され、内訳は事務系19人（法律12、経済6、行政1）、技術系14人（人間科学1、理工11、農学2）だった。男女別でみると事務系で女性比率が37%（男性12、女性7）、技術系でも女性比率36%（男性9、女性5）と他省庁に比べて高い。

注目すべきは出身大学と学部である。文科省では「官僚養成機関」たる東大法学部出身者のシェアが小さい。事務系では京都大学法学部、慶應義塾大学大学院法務研究科、東京大学教育学部、東京大学法学部がいずれも2人ずつである。技術系では大阪大学大学院工学研究科、東京大学大学院農学生命化学研究科が2人ずつである。

他省庁の採用者の属性をみると、有力省庁の財務省と総務省では依然として東大法学部と経済学部のシェアが大きく、男性比率も高い。経産省では東大法学部が2人にとどまるが東大卒業生のシェアが大きいことは変わりない。

まず、財務省では事務系I種採用者36人のうち、東大法11人、東大経4人である。男女比は男性28人、女性8人である。次に、総務省では事務系I種採用者34人のうち、東大法12人、東大教育3人、東大経2人である。男女比は男性28人、女性6人である。そして、経産省では事務系I種採用者24人のうち、東大経、東大公共政策大学院、東大院工学系研究科が3人である。東大法は2人である。男女比は男性20人、女性4人である。

さらに総務省が公表した全省庁を通じて採用者の多かった出身大学・学部についてみてみよう。I種事務系区分では、285人中、東大法が58人（20・4％）、東大経が26人（9・1％）、京大法学部19人（6・7％）と大きなシェアを占めている。I種技術系区分では東大院工学系研究科29人（11・1％）、京大院工学研究科12人（4・6％）、東大院理学系研究科11人（4・2％）となっている。

文科省の採用状況を他省庁と比べてみよう。まず東大の法学部、経済学部という官界「2トップ」のシェアが小さく、女性比率が比較的高い。また地方大学や私立大学も散見される。

各省別の採用者の属性が公表される根拠となった「方針」には「女性の採用を図り、多様で有為な人材を確保する」とある。つまり、文科省はこの方針に沿って採用活動を行っていたか、もともと多様な採用活動を行ってきたとみることができる。さらに、「方針」には

「特定の大学・学部に偏ることなく」とも書かれている。つまり、「特定の大学・学部に偏った」採用が現になされていて、それを表向きだけでも是正する姿勢を打ち出したことになる。先にみたとおり、東大法学部と経済学部の学生は財務省、総務省、経産省に多数採用されているから、文科省は政府方針の「優等生」である。

ただし、文科省の採用に性別や学歴面での多様性を見いだせるのは、中央省庁のなかで文科省の威信が低いからかもしれない。東大法学部と経済学部を人材供給源とできず、私立大学、女性など多様な属性が集まるようになった可能性はある。

国家公務員試験の合格者の順位である「席次」でみるとどうか。財務省は伝統的に上位合格者を採用してきたとされる。これに対して2018年度と2019年度文科省入省組の作成した小冊子の席次情報をみると、上位10%以内が事務系のうち18%と29%、技術系の36%と8%だった。他方、席次半分以下が事務系で32%と25%、技術系で21%、54%だった。小冊子に席次はあまり関係がなく、官庁訪問が勝負だと書かれているが、実は意外と席次上位の入省者もいる。

10歳からの人間関係

文科省が多様性に富んでいるなら、財務省、総務省、経産省は多様性とは反対の「モノカルチャー」だろうか。民主党政権で文科副大臣を務め、その後第二次安倍政権のもとで文科大臣補佐官を歴任した鈴木寛《かん》は教育学者のインタビューに対して、自らの通産官僚時代のことを振り返り、大蔵官僚にコンプレックスはなかったと述べている。鈴木は灘《なだ》高校（兵庫県）から東大へ入学し法学部を卒業した。鈴木は自信をもっていた背景として大蔵省の交渉相手も大学時代の友人知人であり、相手の学生時代のエピソードを全部知っていることをあげている。

その手がかりをさらに高校に遡《さかのぼ》って探ってみよう。２０２０年度入学者の東大合格者数ランキング（「インターエデュ」ウェブサイト）をみると、上位10校中４位の灘高校を除く９校が首都圏の高校であり、その多くは私立中高一貫男子校である。たとえば、トップの開成高校（東京都）は１８５人である。東大全体の入学定員が３０６０人であるから６％のシェアを占める。国家公務員試験を受験することの多い法学部と経済学部に進学する文科Ⅰ類、文科Ⅱ類にはそれぞれ33人、13人が合格した。

２位の筑波大附属駒場高校（東京都）は93人が合格し、文Ⅰに24人、文Ⅱに12人が合格した。トップ10校だけで入学定員の３割弱（８７５人）を東大に送り込む。

これだけの人数がいれば中央省庁に採用されるキャリアの属性にも影響があると考えていいだろう。このデータからは「霞が関ムラ」で生きていくうえで重要なのが出身大学や学部ではなく出身高校ではないかとさえ思えてくる。そして、これらの学校が「中高一貫校」であるから、その人間関係は中学校入学以来のものであり、より正確にいえば中学受験のための小学校時代の塾以来のものかもしれない。

もし、霞が関ムラの人材に求められるのが、専門性ではなくそういう狭くウェットな人間関係を基軸としたものだとすれば、東大卒が少なく、女性比率の高い文科官僚は二重三重に霞が関文化になじめない。

官僚離れはチャンスか

とはいえ、官僚の激務や官僚のプレゼンスの低下が知られるようになるにつれて、東大生の官僚離れがいわれるようになった。２０１８年度に卒業・修了した東大生の就職先をみると依然として中央省庁は有力な就職先ではあるが、外資系コンサルティング会社などの躍進も著しい（『東京大学新聞社』調べ）。

学部卒では、民間企業の1位三井住友銀行（22人）、2位アクセンチュア（17人）、3位三菱ＵＦＪ銀行、東京海上日動火災（各14人）であり、伝統的な金融系企業のなかにあってコンサル会社も入り東大生の志向に変化が現れている。他方、中央省庁では、国土交通省17人、外務省15人、総務省13人、警察庁13人、経産省12人、財務省11人、農水省7人、厚労省6人、金融庁5人、環境省5人となっている。

院卒では、1位日立製作所（41人）、2位日本IBM（31人）、3位ソニー（30人）とメーカーが根強い人気であるが、7位にアクセンチュア（23人）が入ってくる。他方、中央省庁は、農林水産省11人、文科省9人、特許庁9人、国交省9人、厚労省7人、総務省5人、財務省5人となっていて、理系の多い院卒者のなかでは中央省庁はそこまで多くの学生が就職するところではない。

東大生の官僚離れが指摘されてはいるが、人数の面では依然として官界へ進むルートは健在といえる。もっとも、卒業生のなかで優秀な層が官僚を目指さなくなっている可能性はある。そうなると文科省はもともと有力省庁のモノカルチャーとは一線を画し、多様な人材を集めていたから、他省庁が東大生の官僚離れに苦慮するのを傍目《はため》に変化の時代を乗り切れるかもしれない。

試験区分からみる省庁のタイプ

曽我謙悟《そがけんご》の官僚制研究によれば、近年の採用戦略の変化から各省庁の特徴が読み取れる。従来、事務系の法律と経済の試験区分が大勢を占めていたが、あくまで学部卒であるから、法律や経済のプロフェッショナルを雇用するというよりは、地頭のよさ、頭の回転の速さを重視し、入省後の「トレイナビリティ（訓練可能性）」を期待して採用してきた。法学部が「つぶしのきく」学部であるのは、法律の世界で論理的な思考力を訓練されるからである。何も霞が関が法学部生に法律家としての能力を期待していたわけではない。キャリアが各局を異動し、「ジェネラリスト」としての成長を期待されるために、こういう採用が続いてきた。

2012年度から新たな試験制度に移行し、キャリアを採用するⅠ種試験が総合職試験に衣替えされた。総合職では大学卒業程度の者に対して専門科目を課さず、大学3年の秋と4年の秋の2回受験できる「教養」区分が導入された。これは専門試験の割合が低いことと、3年の秋に受験できるため、民間企業に流れていた人材の青田買いの効果が期待される。これはさらにジェネラリストを重視するようになったといえる。

他方、文系学生でも院卒採用者が散見されるようになっている。大学院修了者を採用するのは専門性を重視するシグナルである。

曽我は各省の法律・経済区分比率、教養区分比率、院卒比率の変化を分析した。そして各省庁を4タイプに分類した。第1に、ジェネラリスト重視の外務省、経産省、財務省である。第2に、ジェネラリスト重視と院卒者重視の総務省、厚労省である。第3に、中間的な国交省と文科省である。第4に、専門職志向と院卒者重視の農水省、環境省である。

ジェネラリスト重視の省では官邸との近さも観察される。つまり、専門性よりもそのときどきの情勢に対応できる人材が重宝される。ジェネラリスト重視と院卒者重視が組み合わされる省は統合省庁であり、一部の採用で院卒者が重視されているようである。中間的な省は技術系の採用のある統合省庁である。ジェネラリスト重視と対極的なのは技術職比率の高い省であり、専門職志向と院卒者重視が強まっている。

文科省は事務系と技術系に分かれて採用が行われる。事務系（文部系）では教養区分からも採用しジェネラリスト志向を強めているようである。実際、2020年度入省内定者の事務系24人のうち5人が教養区分である。他方、事務系でも院卒の行政区分1人、人間科学区分4人が採用されている。人数の少ない技術系（科技系）ではもともと大部分が院卒採用であるから、相対的に人数の多い事務系がジェネラリストと院卒志向をやや強めたことで、曽我の分類では中間的な位置となるのだろう。

ところで2018年度文科省「内定者の声」という冊子には官庁訪問の併願先データがある。事務系、技術系ともに厚労省との併願者が多く、事務系では11人で他省を圧倒し（次は内閣府、経産省、外務省の各4人）、技術系では厚労省、経産省、農水省が各4人だった。文科省に採用されるのは、ジェネラリスト・院卒好みである厚労省にはフィットせず、教育や科学技術に強い関心やこだわりをもつ学生だといえる。

官僚制ジェネラリスト化

伝統的に文部系キャリアは教育三局を異動する「省内ジェネラリスト」だった。文部系は義務教育制度や国立大学制度が確立しているため、制度の管理を重視してきたからである。他方、科技系キャリアは科技庁以来の伝統で内閣府との行き来があるため、省内外を股にかけた、いわば「官僚制ジェネラリスト」の傾向があった。

文科省で教養区分の比率が高まっているのは文部系の採用によるものである。つまり文部系は省内ジェネラリストから官僚制ジェネラリストへ移行を図っているようにみえ、その目的は政治主導、官邸主導への対応とみられなくもない。ただ、2019年度の国家公務員試験合格者でみると、教養区分が全体に占める割合は、文科省（17%）は外務省（42%）、財務省（41%）、経産省（31%）と比較して低い。また、そもそも伝統的な官僚志望者が減っており、教養区分がそれを補完しているだけかもしれない。

他方、科技系は、調整官庁だった総理府の一部としての科技庁の伝統を引き継いでおり、文部省、通産省などにまたがる科学技術行政をとりまとめてきた官僚制ジェネラリストであった。ということは、文部系の官僚制ジェネラリスト化が進めば、文科省全体が官僚制ジェネラリストに向かい、文部系と科技系の融合が図られるかもしれない。そうなれば文部系のメンタリティであった内向き志向が改められ、「開国」マインドに変わるかもしれない。

本節では文科官僚の特徴を他省庁との比較から浮き彫りにしてきた。文科官僚とひとまとめにすることはできず、事務系が文部系として、技術系が科技系として採用され、組織の分立度は高いままである。科技系と比べて職員数の多い文部系では、財務省などの有力省庁と比較すると、東大出身者が少なく、霞が関のなかでは女性割合が高く、必ずしも上位合格者が多いとはいえない。その意味で霞が関でダイバーシティをいち早く達成した省庁であるといえる。さらに、これまで文部系は「省内ジェネラリスト」志向だったが、官邸や他省庁にも活躍の場を拡げる「官僚制ジェネラリスト」化を図っているようにもみえる。この動きはもともと「官僚制ジェネラリスト」気質のある科技系に歩み寄ったものである。

2　キャリアパスは変化したか

第1節では文科官僚の採用や属性の多様性をみてきた。では、採用された文科官僚はどうキャリアを歩んでいくのか。本節では、まずキャリアの昇進の様子を確認し、特に最高位ポストの事務次官に至る経路（キャリアパス）についてみていく。次に文部系のノンキャリアについて紹介する。文部省時代のノンキャリアには国立大学で採用された職員のうち、エース級を本省に呼び寄せる「転任制度」が存在した。これにより本省は、必ずしも優れた能力を持ち合わせていない職員を採用するリスクを減らすことができ、国立大学側は本省との「パイプ役」として転任職員に期待するという互恵関係ができていた。ところが2004年の国立大学法人化で、ノンキャリアを直接本省が本格的に採用するようになった。このことがもたらす変化はあるのだろうか。

事務次官へのキャリアパス

採用パンフレットにみる文科官僚の現在のキャリアパスは次のようになっている。入省時は係員として官房、総務、企画部門に配属されることが多い。4年目には係長級（係長、専門職）となり、8年目には課長補佐級（課長補佐、専門官）となる。具体的年数が書かれるのはここまでであり、その後は管理職員（室長、課長）、幹部職員（審議官、局長）と昇進していく者と省外へ出向したり、退職したりする者に分かれていく。この間、それぞれの段階で海外（留学、海外研修、在外公館、国際機関）、他省庁、地方自治体、国立大学法人への出向を経験していく。事務系として採用される文部系についていえば、地方自治体への出向が「必修科目」となっている。

ちなみに、初の文部省女性キャリアの遠山敦子は入省10年目頃の地方自治体への出向適齢期となった際に、受け入れ態勢を考慮して地方自治体ではなく総理府へ出向することになったという。その後文科省には女性キャリアが多く採用されるようになったが、家庭の事情を考慮して関東近県が出向先となる傾向がある。

課長経験者によれば、課長となって初めて「ひとまとまり」の仕事すべてに責任をもつようになり、課内外、省外との調整に重きを置くという。たとえば、初中局の教育課程課は教科別・校種別に三つの係と、とりまとめを担う三つの係、さらに教育課程企画室が置かれている。教育課程課には課長補佐が4人いて、いくつかの係を担当する。課長はこれらを束ねる立場であり、教育課程全般を担当する。このほか、読者になじみのある初等中等教育でいえば、財政支援制度（財務課）、特別支援教育（特別支援教育課）、教科書（教科書課）のように担当内容が「ひとまとまり」となっている。

これまでキャリアの多くは課長にまで昇進することが暗黙の了解となってきた。しかし、採用パンフレットが示すように、課長補佐までは見通せてもそれから先は不確実な時代である。原局課長の先は、一部が原局筆頭課長（第1章でみたように名称に「政策」「企画」を含む課）に、さらに絞られた者が官房三課長に就く。

課長の上位である審議官というポストから上は「指定職」と呼ばれ、企業での役員に相当する。従来こうした職員の人事も省内で決められる余地があったが、2014年に設置された内閣人事局が指定職人事を行うようになった。

この審議官はかつて「中二階《ちゅうにかい》」と揶揄されたように、課長と局長の間に挟まれ意思決定に十分に関与できないポストとされてきた。文科省では組織図上は大臣官房にそれぞれの原局担当の審議官が置かれるが、実際の執務室は担当する局の局長室と横並びである。つまり実態として局次長に近く、文科省が原局単位で仕事をしている証左である。審議官のなかでも、各局担当審議官を束ねる格上ポストが総括審議官、サイバーセキュリティ・政策立案総括審議官である。

局長級ポストは官房長、各原局の局長、官房国際統括官の八つである。次官級ポストは省名審議官である文部科学審議官二つと事務次官である。

同期入省者の立場からすると、職位が上がるに従って退職者が増えていき、省内に残る同期は減っていく。つまり頂上に近づくにつれて絞り込まれるピラミッドのようなものである。そして、自身がならないにせよ「事務次官を同期から出す」ことが同期の合い言葉となる。

各省庁の官僚トップは事務次官であり、これまでキャリアのみが就いてきた。文科省では2020年12月時点で設置以来12人の事務次官が任命されており、そのうち7人が文部系である。そこで文科省の事務次官の典型例として文部系の前川喜平《きへい》元次官のキャリアパスを振り返ろう。

前川喜平にみるエリートコース

前川は1979年3月に東大法学部を卒業し同年4月に旧文部省に入省した。公務員試験の席次は上位だったそうである。初任のポストは大臣官房総務課審議班だった。この大臣官房総務課は、前川自身が「組織の中枢」と振り返るとりまとめ部局である。次に行政官長期在外研究員としてイギリスの大学院で2年間留学生活を送った。帰国後の1984年7月に高等局企画課法規係長兼企画係長となった。このポストは現局の筆頭課の係長であり、再びとりまとめ経験を積んだ。

1986年9月から2年間、宮城県教育庁（教育委員会事務局）へ行政課長として出向し、地方自治体とはいえ初めて管理職を経験した。さらに、1989年2月から3年間、在フランス大使館一等書記官を経験した。これらのポストは本省課長補佐級である。帰国後は、大臣官房の政策課、総務課を経て、1993年11月に総務課副長となった。なお、この官房三課特有の副長というポストは出世コースといえる。データの揃う文部系次官でみると、総務課副長経験者が6人、会計課副長が1人である。

村山富市《とみいち》内閣では1994年6月から1年2ヶ月、与謝野馨《よさのかおる》文部大臣の事務秘書官を務めた。初めて課長職となったのが1997年7月で、文化庁宗務《しゅうむ》課長だった。1998年

7月から2年ほど内閣に置かれた中央省庁等改革推進本部事務局参事官（課長級）として科技庁との統合のとりまとめを行った。

文部省に戻ってからは教育助成局教職員課長となり、文科省設置時の局再編に伴い初中局教職員課長となった。さらに2001年7月から義務教育費国庫負担金という巨額の予算を抱える初中局財務課長となり3年間を過ごした。2004年7月からは初中局筆頭課である初等中等教育企画課長として小泉政権の「三位一体の改革」に徹底抗戦した。

2006年7月から官房三課長の一つである総務課長となり、その1年後に官房審議官（初中局担当）に昇進した。民主党政権期の2010年7月に総括審議官となり、2012年1月に局長級である官房長へ昇進した。2013年7月に初中局長となり、2014年7月に事務次官級である文部科学審議官へ昇進した。そして事務次官に昇進したのは2016年6月であった。

その後、天下り問題で辞職したのは2017年1月だった。それまで文部系次官は5人いたが5人とも1年半から2年ほどの在任期間である。もし引責辞職しなければ前川も2年ほど在任したと思われる。

歴代次官の事例から

12人の歴代次官のキャリアパスの最大公約数を浮き彫りにしてみよう。初任の課長になるまでに要した月数は平均で210・8ヶ月で、前川は219ヶ月だった。これは入省後おおよそ17年から18年程度の年月である。課長経験数は平均6・3で、前川は7つの課長ポストを経験した。12人はいずれも官房三課長を経験した（科技庁時代を含む）。総務課長7人、会計課長4人、人事課長（実際は科技庁秘書課長）1人であった。前川も言うように現在までのところ総務課長は次官ルートの「王道」である。

局長級のなかで省全体のとりまとめを行う官房長は9人が経験した。特に直近6代はいずれも官房長を経験している。また科技系次官は5人全員が官房長経験をもつ。局長ポスト経験数は官房長を含めて2、3である。省名審議官は9人が経験しており、科技系次官は全員が経験している。

海外経験は科技系次官全員にあるが、文部系次官は前川を含め直近2人にしかない。他方、地方自治体の出向は文部系次官全員がもつが、科技系次官にはない。所管法人へは科技系次官全員に出向経験があり、文部系次官では2人しかいない。内閣官房・内閣府への出向経験は直近文部系5人全員がもつが、科技系次官では最近の1人しかない。

以上のことから文科次官が共通して経験することは三つある。第1に、大臣官房や筆頭課をはじめとした豊富なとりまとめ経験である。係員、係長、課長補佐、課長、審議官、局長のそれぞれの段階でとりまとめ経験を蓄積する。第2に、海外、地方自治体、内閣という省外への出向経験である。第3に、重要原局での課長経験が豊富である。これらは両系統の次官に共通している。

他方、文部系と科技系で異なる点もある。文部系では地方自治体や内閣官房・内閣府への出向があり、科技系では海外経験と法人出向がある。つまり、文部系と科技系での「育ち方」には違いがある。

若手の下積み業務

文科省に限らず他省庁においても、たとえキャリア官僚であっても入職後しばらくは下積み期間がある。官僚の仕事には大別して「ロジスティクス（ロジ）」と「サブスタンス（サブ）」がある。ロジは審議会の日程調整などの外形的な業務、サブは政策づくりなどの本質的な業務である。

真渕勝《まぶちまさる》は若手官僚が任される業務を「肉体労働」「知的労働」と分類したが、おおむねロジとサブに対応している。肉体労働には①下働き（コピーとり、お茶くみ、ゴミ捨て）、②お使い（国会、議員会館への資料配付、説明）、③代理出席（関連団体や政治家のパーティー出席）、④幹事（歓送迎会など）がある。他方、知的労働には①立法作業（参照条文の作成業務）、②

法令照会（改正する自省の法律に関連する他省の法律の確認）、③国会答弁書、④上司の手書き原稿の清書・ポンチ絵づくりがある。

いずれも創造性がなく無味乾燥な定型的業務のようにみえるが、これらを通じて業務の何たるかを体感することになる。第1に、自省の所掌事務を熟知し、それらと他省庁との関係を理解できる。第2に、言質をとられないために編み出された曖昧《あいまい》な表現の代名詞である「霞が関（官庁）文学」に習熟する。第3に、コミュニケーション力や忍耐力が養われる。最近では政策の内容をカラフルに図示する「ポンチ絵」づくりを通じた「表現力」も養われるといわれているが、それが好ましいことかは疑わしい。

これらの下積み時代は前出の前川にもあった。前川の時代は勤務時間後の省内での飲酒、麻雀、盛り場での酒席、カラオケ、休日のゴルフなど上司、同僚、後輩、部下との濃密な関係が強要されていたという。前川はやり過ごせたか、耐え忍べたために、その後事務次官まで勤続できたのだろう。

これに対して、若手時代にこうした業務に疑問を抱けば退職することになる。若手のうちに退職した者の述懐では、国家レベルの政策づくりに携わることができなかったことが退職理由の一つである。さらに政治家につるし上げられるとか、国会対応で深夜までの残業が重なり長時間労働が常態化しているといったことも指摘されている。また、中央省庁等改革後に昇進のスピードが遅くなるとともに、その不確実性が増していることも遠因である。

現在は「天下り」規制があるため幹部職員の再就職が厳しい情勢であり、以前であれば退職していた年次の職員が本省で勤務を続けるケースがみられるようになった。２０２１年入省者向けのパンフレットに掲載された、ある局長、人事課長、そして人事参事官の例をみてみよう。現局長は課長級に到達するまでに18年6ヶ月、人事課長、人事参事官は20年3ヶ月を必要とした。また、筆者の研究によると、文部系の地方自治体への出向時の入省後年数も文部省時代（１９７７年から２０００年）の8年から、文科省時代（２００１年から２０１６年）は10年に伸びた。

つまり、一定数が定年前に省外に出る前提で運用されてきた人事慣行が機能しなくなり、キャリアの昇進スピードが以前よりも遅くなってきた。

ノンキャリア採用の変化

次にノンキャリアについて、文部系に注目してみていく。特に国立大学法人化の前後で採用方法が大きく変わったことの意味も考える。

ノンキャリアとキャリアの違いは昇進する職位の高さと昇進スピードである。２０１９年度の内閣人事局資料によれば、全省庁の室長級の64％、課長級の87％がキャリアによって占められている。初めて室長や課長となるまでの年数にも両者によって大きな差がある。キャリアでは室長まで24年、課長まで27年となっているが、ノンキャリアではそれぞれ33年、34年かかる。

それでは文科省ではどうか。西出《にしで》良一《りょういち》の試算によれば、文科省設置直前に文部省にはキャリアが約300人、ノンキャリアが約1100人在籍していた。また渡辺恵子《けいこ》の研究によると、2003年度の課長級ポスト95のうち8割強をキャリアが占めていた。その後、2015年度の分析でも、やはり127のポストの8割をキャリアが占めた。文部省時代と変わらず、ノンキャリアの昇進はキャリアよりも不利である。

すでに述べたように、文部省時代、ノンキャリアは文部省本省が直接採用せず、国立大学からの「転任組」と呼ばれる職員で構成されていた。転任組は転任試験の合格者である。各大学は文部省本省に「エース級」職員をこぞって送り出すことで本省とのつながりを強化しようとした。

転任試験が初めて確認されるのは1959年であり、2000年までの文部省時代は平均で毎年57人が国立大学から文部省本省に転任した。他方、キャリアは平均20人が採用されていた。この転任組を決める転任試験は、国立大学に勤める職員で、27歳未満、高校卒業以上、国家公務員採用試験合格者、その他勤務成績が良好で人物要件を満たす者が推薦され受験する仕組みだった。もちろん、勇躍上京してきた転任組がその能力を発揮することもあれば、満員電車に辟易《へきえき》して本省勤務をあきらめ元職場に戻るケースもあったという。

転任組のなかで最上位のポストに到達するキャリアパスは次のとおりであった。おおむね同じ局で係員、主任、係長（31〜33歳）を務めてから国立大学課長（38〜40歳）へ転出する。つまり、一度ある局に配属されると原則として他局へは異動しない。そして、国立大学課長を一つか二つ経験した後、文部省で課長補佐、室長・課長を務め、最後に国立大学事務局長に転出する。つまり、ノンキャリアの到達しうる本省内の最上位ポストは課長だった。

その後、文科省となってからも転任組からノンキャリアの採用は続き、2001年から2015年までの間、年平均42人が採用された。これと同じ時期にキャリアは科技系を含めて平均35人が採用された。

ところが、2003年に国立大学法人化が行われ、文科省本省と国立大学法人は別組織となった。国立大学法人自体が人材の抱え込みを図るようになったことで、文科省本省でノンキャリアを直接採用するようになった。その結果、2011年から2015年度でみると、転任組は年平均19人と減少し、本省が直接採用したノンキャリアは24人だった。キャリアの採用数はそれ以前と変わらなかった。これまでは各国立大学のエース級職員を本省が獲得できていたものの、現在では本省が人材採用の責任とリスクを負うようになった。

文科省となってからのノンキャリアの代表的キャリアパスは次のとおりである。文部系では、入省後、6年目に主任、7年目に係長級の専門職に昇進し、9年目に係長という例が採用パンフレットに紹介されている。科技系では5年目に係長に昇進し、13年目に国立大学課長、15年目に本省に戻り課長補佐級の専門官へ昇進した。文部系と科技系でやや違いはあるが、いずれの系統でもキャリアよりノンキャリアの昇進スピードは遅い。

ある抜擢人事

文科省では、2018年10月人事で、審議官にノンキャリア2人が初めて登用された。2人は初中局担当（前職は本省課長）、高等局・高大接続担当（前職は国立大学事務局長）であった。従来は本省課長の次は国立大学事務局長に転出し、その後本省に戻ることはないため、2人の人事が抜擢人事と報じられたのは無理もない。

さらに2019年7月には、このうち初中局担当審議官が初中局長へ昇進し、2020年7月には次官級ポストの文部科学審議官に起用された。この職員の履歴を確認してみよう。まず1981年に国立大学職員（初級試験）に採用され、1988年に文部省へ転任した。その後2000年に国立大学課長、2002年に文科省専門官、2003年に同課長補佐、2010年に室長、2016年に課長となった。その後の経歴はすでに述べたとおりである。

このケースをみてわかるのは、課長に到達するまでとその後の昇進スピードのキャリアとノンキャリアの違いである。現在の幹部職員のキャリアは、課長に到達するまでにおよそ20年かかっている。年齢でみると40歳代前半である。これに対して、この職員は入職35年後に課長となり、キャリアより15年ほど遅れた。一方、その後の昇進スピードはすさまじい。課長を二つ経験した後、審議官へ昇進し、さらに1年経たずに局長に就任した。キャリアが課長を6つ程度経験して審議官へ昇進し、さらに格上の別の審議官ポストを経て局長ポストに到達するのと対照的である。

事務次官に代表されるキャリアが短期間に多くのポストを異動しながら速いスピードで昇進していくのには理由がある。それは官僚に必要とされるとりまとめ能力を養うためである。これに対してノンキャリアは一つの局に長期間勤め、実務上の専門性を身につけることが期待されてきた。しかし、キャリアが全員とりまとめ能力に長けているわけでもないし、ノンキャリアだからといってとりまとめ能力がないともいえまい。

抜擢人事の背景にはキャリアの汚職といった不祥事対応の側面もあったが、より上位の職務に耐えうる職員がノンキャリアにも存在することを明らかにし、キャリアとノンキャリアに関する認識を改める契機となった。

先入観を超えて

たしかに入省時点での区分が入省後の昇進に常につきまとうのは合理的ではない。文科省OBで「ゆとり教育のスポークスマン」として知られた寺脇研《けん》は文部省以来の伝統として、キャリアとノンキャリアが「家族的一体感」のもとに働く点を強調しているが、人事上の区別は崩さないまま一体感だけが保たれていたことになる。

あるノンキャリアOBによれば、政治家に対する説明もノンキャリアが行うのが文部系の特徴であるという。そうであれば、同じ仕事内容と責任をもつのに昇進スピードが異なるというのはますます割に合わない。「能力重視」「適材適所」というフレーズとは対極にあったのが文科省、特に文部系の人事制度ではなかったか。ノンキャリアの抜擢人事からそういう疑問が浮かんでくる。

最後に、文部系と科技系におけるノンキャリアとキャリアの省内での位置づけの違いを紹介する。文部省時代以来、大臣官房会計課においては、文部系は伝統的にキャリアが予算に関わらず、ノンキャリアに任せてきた。さらに、ある1970年代の局長経験者によると、キャリアのなかでもカリキュラムに関する仕事をするのが「殿上人《てんじょうびと》」、予算案件を扱うのは「地下人《じげにん》」だったという。これに対して科技系ではキャリアが予算に大きく関与してきた。その理由は文部系では既存の制度（教員給与や国立大学法人）を運用することが重視されてきたのに対して、科技系では既存の制度に依存することができないため、毎年予算獲得に注力する必要があったからだという。

ここから文部系のノンキャリアは制度のメンテナンスに長ける一方で、キャリアは企画力に長けているという暗黙の了解が省内にはあったといえる。しかし、一概に採用時点での区分から職員の適性に先入観をもってよいものだろうか。

本節ではキャリアとノンキャリアを対比させながら、それぞれのキャリアパスの違いをみてきた。キャリアは昇進スピードが速く、出向を含め異動先も多様であった。これに対してノンキャリアは昇進スピードがキャリアよりも遅く、異動先も限られてきた。両者の区別を前提とした家族的結びつきが強調されるものの、採用時の入り口の違いがその後のキャリアすべてを決めることの非合理性が浮き彫りになってきたことで、ノンキャリアの幹部職員登用も行われるようになった。最小規模の省である文科省が眠れる人材を活用する方向に舵を切ったともいえそうだ。

とはいえ、文科省の100を超える課長級以上のポストのほとんどが今もキャリアで占められている。そのため、文科省に限らず中央省庁の研究は本省のキャリアを対象に行われてきた。次節ではそうした研究をもとに、文部系と科技系のポスト争奪戦についてみていこう。

３　融合は進んだか――幹部人事と出向人事から読み解く

文科省は旧文部省と旧科技庁が統合して設置された「統合官庁」である。本節では文科省の人事に注目し、文部系と科技系がどの程度融合しているかをみていく。省庁にかぎらず企業でも、合併後の人事を通じて旧組織の融合を図ることがある。文部省と科技庁の統合が１＋１＝２以上のものとなるかは、この人事にかかっている。特に、省内の中枢部門である大臣官房、そして各局の幹部人事での融合度合いをみる。

統合人事の分析

前節でもみたとおり、中央省庁では室長級と課長級の職員を「管理職（管理職員）」、それより上を「幹部職員」と呼ぶ。部長・審議官以上を「指定職」とも呼ぶから幹部職員は指定職とほぼ同じとみてよい。本節は各原局の幹部職員と省中枢部門である大臣官房の人事から文科省の融合度合いをみていく（以下、一括して「幹部人事」と呼ぶ）。

統合省庁の幹部人事が重要なのは、統合元の人材を最大限に活用し、その力を発揮させるためである。もし規模の大きい文部系ばかりを優遇し科技系を冷遇したとすれば、科技系のモチベーションは低下する。そうなれば統合した意味がなくなるばかりか、かえって弊害が生じることになる。

文科省にかぎらず統合省庁の幹部人事をみるかぎり、統合後しばらくは旧省庁のバランスを重視していたことがわかる。おそらくは、どのポストにどの職員が就くかまで、3代先（5～6年）程度は統合相手と取り決めていただろう。そうでなければ、混乱が生じるからである。まして、当時は省庁人事にそこまで官邸が影響を及ぼしていたわけではないから、省庁の「相対取引」があったとみてよい。

まず、文科省以外の統合省庁の統合直後の人事について、統合の7年後までを分析した辻隆夫《たかお》の研究などからみてみよう。まず、総務省の7代目までの事務次官の出身省庁は、旧自治省4人、旧総務庁2人、旧郵政省1人となっている。次に、厚労省では、5代目までで旧厚生省3人、旧労働省2人と両省出身者が交互に就任していた。ただ、6代目は社会保険庁の年金記録漏れの不祥事があり、旧厚生省出身者が連続で就任した。そして、国交省は、旧建設省、旧運輸省、旧国土庁、旧北海道開発庁の4省庁を統合したが、7年間で9人の事務次官が誕生した。内訳は旧建設省5人、旧運輸省4人である。旧建設省の5人の次官のうち、技官出身者が2人である。旧建設省は事務官が優勢な中央省庁のなかで、技官が事務次官となれる数少ない省だった。つまり、国交省には旧建設省事務官、同技官、旧運輸省という三つの大きなグループがある。

辻によれば、統合省庁の人事には三つの方法があり、それらが組み合わされる。一つ目は「たすきがけ人事」である。典型例は事務次官と官房長を交互に旧省庁それぞれから輩出するケースである。総務省のように３省庁が統合したケースでは「三つ編み人事」と呼ばれるという。二つ目は「すみ分け」人事で、再編前のそれぞれの省庁に源流をもつポスト別に人事が行われることを指す。三つ目は「ローテーション人事」である。あるポストに旧省庁出身者が順繰りに就任するものである。

辻の研究は統合後10年に満たない時点のものだが、この時期までは統合前の旧省庁の統合協議で描かれた青写真どおりに行われていたことがわかる。ところが、その後は省内外の状況に影響され、取り決めが崩れるところが出てきた。まず、総務省では旧自治省の優勢と旧郵政省の地盤沈下が目立つようになっている。２０１７年には、たすきがけ人事が行われてきた事務次官と官房長に、いずれも旧自治省出身者が就任した。次に、厚労省では２０１２年に旧労働省出身者が６年ぶりに事務次官に就任した。それ以前は旧厚生省出身者が４代続けて就任していたため、省内のバランスをとったといわれている。最後に、国交省では最初の６代までは旧建設省事務官、旧運輸省、旧建設省技官の順に二回りしていたが、７代目が旧運輸省出身者となった際に省内が騒然となったという。その後、21代次官まででみると、旧建設省事務官7人、旧建設省技官6人、旧運輸省8人と配分されている。

文科省の人事はどうだろうか。総務省や厚労省のように旧省庁のバランスが崩れはじめているのだろうか。2001年から2016年までの人事を振り返ろう。

事務次官・官房長のたすきがけ人事

旧文部省では事務官のみが事務次官に就任してきたのに対して、旧科技庁は他省庁では珍しく、技官が事務次官となる組織だった。旧科技庁からすれば、事務次官を出せなくなっては統合の意味がない。統合後、初代と2代目次官は文部系から出たが、その後は科技系と文部系が交互に就任しており、文部系5人、科技系5人で「ローテーション人事」となった。3代目から11代目の平均在任期間は文部系が1・54年、科技系が1・5年であり、文部系と科技系で違いはない。

事務次官と官房長は「たすきがけ人事」となっていて、事務次官が文部系の場合、官房長は科技系で、その逆もまた同様である。ここに大臣官房総務課長も関わってくる。11階に事務次官、官房長、さらに総務課長の執務室が並び省内の中枢を構成する。旧文部省では官房三課長のなかで総務課長が最重要であり、事務次官への一里塚だといわれてきたが、文科省となってからも扱いは同じようである。総務課長と事務次官・官房長の人事が連動しているとは断言できないが、16年間で10年間は事務次官と総務課長が同じグループであった。

中央省庁等改革後に各省庁に置かれるようになったのが事務次官級ポストの「省名審議官」である。文科省では文部科学審議官（文科審）と呼ばれる。統合後間もない時期の省庁では省名審議官もまた旧省庁のバランスをとるために活用された。総務省では三つの総務審議官ポストのうち、二つを旧郵政省に配分している。これは旧自治省出身者が事務次官に多く就任していることへの配慮である。また、厚労省では一つの厚生労働審議官ポストが置かれ、事務次官とは異なる出身者が就任している。そして、国交省では三つの国土交通審議官ポストが置かれ、事務次官の出身と異なるグループが二つのポストを占めてきた。

二つの文科審ポストは、文部系と科技系で一つずつのきれいな「すみ分け人事」ポストだ。さらに部屋割りをみると興味深い。この文科審執務室が両脇に配置され、その間に原局担当審議官の上位にある二つのとりまとめ審議官ポスト（総括審議官、サイバーセキュリティ・政策立案総括審議官）が置かれている。文部系の文部科学審議官の隣には文部系の審議官、科技系の文部科学審議官の隣には科技系の審議官が配置される。総括審議官、サイバーセキュリティ・政策立案総括審議官には文部系がなることもあれば科技系がなることもある。つまり、二つのとりまとめ審議官の職名に意味はなく、文部系と科技系のバランスをとるための人事がなされてきた。

大臣官房の課長ポスト

官房五課長のうち総務課長は先ほどみたように、事務次官ポストと連動しているようだ。16年間で文部系9人（延べ、以下同じ）、科技系7人となっている。

人事課には「人事参事官」と呼ばれる課長級ポストが置かれ、人事課長が2人いるといってよい。しかも、人事課長の個室の隣に人事参事官の個室が同じ広さで配置されて、文部系が人事課長、科技系が人事参事官となるのが原則となり、それぞれのグループの人事を担当する。

会計課長については、手塚洋輔の研究を参考にする。統合当初は会計課長が科技系、課長級ポストの総括会計官に文部系が就いたが、2004年の組織改編で総括会計官が廃止され会計課長1人となった。16年間で文部系7人、科技系9人となっている。

政策課長は文部系1人、科技系15人、国際課長は文部系14人、科技系2人となり、それぞれ科技系のポストと文部系のポストとして扱われている。

あらためて大臣官房の六つの課長級ポスト（含む人事参事官）を文部系と科技系で1年単位でみれば、文部系47人、科技系49人となり、統合前の組織規模にかかわらず、ほぼ1対1の比率である。人事課長は別として、総務課長と会計課長は文部系と科技系がローテーション方式で就任し、政策課長と国際課長はすみ分けが行われている。小規模組織だった旧科技庁にとっては、事務次官ポストを保つだけでなく、省名審議官や大臣官房の官房長・課長ポストも分けあえているという意味で、統合の果実を得たといえる。

原局のすみ分け人事

次に原局をみていこう。旧文部省の流れを汲む教育三局と旧科技庁の流れを汲む研究三局ではともに「すみ分け」が基本となっている。

２０１８年まで教育三局の筆頭局だった生涯学習政策局では、局長はすべて文部系であるのに対し、審議官は文部系４人、科技系６人、そして旧運輸省３人、旧農水省３人だった。旧運輸省とは環境教育、防災教育の分野で、旧農水省とは食育の分野で関わる。審議官に次ぐ生涯学習総括官はすべて文部系である。次に教育三局の中核である初中局は文部系の牙城となっている。局長と二つの審議官ポストすべてが文部系で占められている。これに対して高等局では、局長が文部系であるのに対して、二つの審議官ポストは文部系と科技系がおよそ2対1の比率となり、16年間のうち11年間は文部系と科技系が１人ずつとなっている。

次に研究三局はどうか。まず科政局は局長が科技系14人、文部系２人となっている。局次長は科技系10人、文部系３人、反対に総括官は科技系１人、文部系12人となっている。この

図表 2-1　大臣官房と原局幹部人事（2001～2016年）

	文部系	科技系	その他
大臣官房	98	97	0
生涯学習政策局	33	6	6
初等中等教育局	48	0	0
高等教育局	36	11	0
科学技術・学術政策局	17	26	2
研究振興局	15	17	0
研究開発局	9	29	6
合計	256	186	14

注）大臣官房は事務次官、文部科学審議官、官房長、審議官、課長級。原局は局長、局次長、審議官、総括官。人数は延べ人数

出典）青木栄一編著『文部科学省の解剖』218-219 頁より作成

ように科政局は科技系が高位のポストを多く占めている。科政局の局次長は２０１６年より審議官に移行した。審議官の執務室は局次長と同じであるから、業務に大きな違いはないと思われる。ただ、審議官が曲がりなりにも官房審議官と呼ばれ、大臣官房に属するのに対して局次長はあくまで局に属する。文科省設置当初、局次長を置き官房審議官を置かなかった背景には、研究三局をとりまとめる科政局について、文部系から切り離そうとする科技系の意図があったと考えられる。

振興局は局長が文部系13人、科技系３人、審議官が文部系２人、科技系14人である。もともとこの局は旧文部省の所管分野も抱えており、局長と審議官で両者のバランスをとってきた。これに対して、開発局は局長が科技系16人であり、二つの審議官ポストは科技系13人、文部系９人のほか旧通産省６人となっている。当初審議官ポストは一つだけであり、４年間文部系だった。その後２００５年から二つとなり、２００７年から６年連続で科技系と旧通

産省（現経産省）の組み合わせだった。もともと旧科技庁は原子力行政で旧通産省との縁が深かったから、この組み合わせ自体は自然である。大臣官房や生涯学習政策局を除く他局では他省庁から受け入れていない文科省としては異例といえるが、その後科技系と文部系の組み合わせに戻って4年が経過している。

ここまでみた原局の幹部人事では「すみ分け人事」が基本となっている。特に教育三局のなかの初中局では文部系が独占している。それに対して高等局では審議官ポストに科技系が浸透しはじめており、高等教育政策に影響を及ぼしている可能性がある。研究三局では文部系の色合いのある振興局のほかは科技系が主要ポストを占めている。

まとめると、大臣官房では旧省庁の組織規模と比例せず、文部系と科技系がポストを折半している。他方、原局ではすみ分け人事を基本としつつ、高等教育局では科技系が教育政策に進出する形での融合が感じられるほか、研究三局には経産省の影もちらつく。もともと小所帯だった科技系が強い存在感をもちはじめている（図表2-1）。

他省庁・民間との人事交流

伊藤正次《まさつぐ》は文科省の人事の特徴を他府省、民間、地方自治体との人事交流から浮き彫りにした。まず2013年時点の他府省との人事交流の特徴は、定員に占める受け入れ率が低く

（4%）、送り出し率が高い（18%）。送り出し率で最も高い内閣府（30%）に次ぐ第2位であり、第3位に総務省（17%）が続く。伊藤はこれを「宗主国《そうしゅこく》型」と名付けている。

文部系では内閣官房と内閣府への出向が多く、官邸に設置される会議体の事務局（教育再生実行会議事務局など）のようなアドホック（時限的・テーマ限定的）な案件を扱う。これに対して科技系では内閣府の科学技術・イノベーション政策関連と環境省外局の原子力規制委員会への出向が多く、いわゆる「指定席」を確保している。

民間との人事交流について伊藤は文科省を「鎖国型」と名付けた。文科省全体でみると、2017年時点の受け入れ率は2・5%で全省庁のなかで低い方である。全省庁で高率なのは金融庁、内閣官房、消費者庁、環境省であり、たとえば金融庁は金融機関から人材を受け入れている。ただ、文科省も厚労省、農水省、国交省よりは受け入れ率が高い。また教育三局では受け入れがなく、研究三局とスポーツ庁で民間からの出向すべてを受け入れている。文科省の民間との人材のやりとりからは、教育三局の「内向き志向」と研究三局、スポーツ局の「開国志向」がうかがえる。

地方自治体への出向人事

中央省庁では伝統的に地方自治体に職員を出向させてきた。これは退職者が「片道切符」

で企業や法人に再就職する「天下り」とは異なり、基本的に数年を経て再び元の省庁に復帰する慣行である。

地方自治体への出向率トップは総務省（11%）であり、次いで警察庁（6%）、国交省（3%）となっており、文科省（3%）は4位である。これに対して地方自治体からの出向受け入れ率は、警察庁（33%）に次いで文科省（5%）は2位である。つまり、量から人材をみれば、文科省は「輸入超過」であり、様々な地方自治体からの出向者が文科省で働いている「多民族国家」（伊藤正次）といえる。

伝統的に地方自治体への国家公務員の出向はキャリアの成長の機会として捉えられてきた。稲垣浩の研究によれば、戦後こうした慣行が固まっていった。また、地方公務員の方が国家公務員よりも格付けが低いものとされたため、キャリアが地方自治体へ出向する際、出向前よりも上の職位になる。具体的にいえば、本省で課長補佐だった30代前半のキャリアが県庁の課長となる。かつて大蔵省時代には、入省間もない20代のキャリアが全国に約500ある税務署の署長となっていたが、さすがに「若殿教育」と批判され、今ではそこまで若いうちに税務署長となることはない。

文科省職員の地方自治体への出向（地方出向）を詳しくみていく。筆者が文科省設置以来の16年間のデータを分析したところ、文科省からの地方出向は延べ798事例あった。これは同一人物が同じポストに2年間出向した場合に2事例と数えたものである。

地方出向の8割がキャリアである。文部省時代は入省後8年ぐらい、30代になるかどうかで出向していたが、文科省となってからは入省後10年ぐらいで地方出向している。これ以外の2割はノンキャリアと初等中等教育の教員出身者が占める。文科省になってからノンキャリアの地方出向が増えている。出向先全体のなかで多いのは都道府県（69％）である。他には政令市（11％）、市区（16％）、町村（4％）である。文科省からの出向だけあって、教育委員会事務局への出向が大半（81％）で首長部局へは19％にとどまる。出向先の職位は課長級が5割となっている。

地方出向するのは文部系がほとんどである。科技系の地方出向例はわずかに21事例に過ぎず、いずれも科学技術、医療に関するポストへの出向だった。ちなみに施設系の職員の出向例は2事例だけだった。以上から、文部系が地方出向を通じて文科省本省と地方教育委員会を人的に結びつけていることが確認できる。

地方出向のメリット

出向者や受け入れ側の地方自治体にとって、地方出向には様々なメリットがある。

地方出向者にとってのメリットは三つある。一つ目は「現場経験」であり、何よりも得がたいものだ。出向期間はだいたい2～3年であるが、その間に数十ある県内すべての高等学校を視察した職員もいる。二つ目は「管理職経験」である。「若殿教育」と揶揄されることはあっても、やはり30代そこそこで数十人の課員の上司として振る舞う経験は貴重である。年上の部下をもつこともまたよい経験となる。三つ目は出向先を起点とした「人脈づくり」である。出向先の生え抜き職員、地元政財界との人脈ができる。さらに、地方自治体には他省庁からの出向者もおり、その人脈は文科省に復帰してからも活かせる。

受け入れ先の地方自治体にとってもメリットは二つある。一つ目は「国とのパイプづくり」である。受け入れた文科省職員を通じて文科省の情報を得ることができる。実際、数は減っているものの、一部の県では文科省から同一ポストに継続して出向を受け入れる「指定席」を用意している。二つ目は「改革請負人」に仕立てることである。特に最近は学力向上の分野で目立つが、知事が「活きのよい」文科省職員をリクルートし、改革の最前線に立たせるケースがある。たしかに地元教育界とのしがらみがなく数年後には文科省に戻るのだから、出向者は辣腕を振るいやすい。

文科省にとっての地方出向のメリットは職員個人のメリットと重なる。職員の力量が向上して帰ってくれれば組織として底上げとなる。また、出向者を通じて地方自治体の教育行政についての情報を得られる。たとえば、２０１８年に元文科省事務次官が名古屋市で講演した際に、文科省が講演依頼の理由などを問い合わせ、「教育の不当な支配」だと大きな批判が起こった。元次官の辞職の経緯などをふまえて問い合わせたものであるが、名古屋市も愛知県も、もともと文科省からの出向者の受け入れがない。もし出向者がいれば非公式に情報をやりとりできたはずである。

ただ、こうした文科省にとってのメリットは教育三局や文部系職員には意味があるが、研究三局や科技系職員には無関係である。

統合の果実を得た科技系

本節は人事から文科省の姿を浮き彫りにしてきた。省内人事をみれば科技系が統合の果実を得たのが重要なポイントである。小所帯の旧科技庁が文科省の大臣官房では旧文部省とほぼ互角の幹部ポストを得ているほか、旧科技庁の流れを汲む研究三局各局では局長などの幹部ポストを維持し、さらに高等教育局の審議官ポストにまで進出している。統合後の幹部人事が実際の政策の場面でどう影響するのかは第4章と第5章で扱う。

他府省、民間、地方自治体との人事交流の状況からは、意外にも他府省への出向が多いこと、そして、研究三局で民間との関係が強いことがわかった。また、地方自治体との関係では文部系が文部省時代以来の伝統を引き継ぎ、キャリアの昇進ルートに組み込まれている。

限られた自治体との関係を続けることで業務が安定するだろうし、平時にはこれでかまわないだろうが、変化の激しい時代について行けなくなるのではないか。

＊

本章では職員に着目してきた。文科省には技術系キャリアが毎年の採用者の3分の1を占めるという大きな特徴がある。キャリア官僚の「出世コース」は文部系も科技系もさほど違いはない。さらに、幹部職員のポストの配分状況をみても、統合前の組織規模が小さかった科技系が文部系と伍している。その分、文部省内では想像以上に科技系の重みが増しているといえるし、科技系の人数が少ない分、科技系の昇進ペースは速くなるだろう。科技系はもともと省庁を通じた調整を得意としており、内にこもるタイプではないから、「間接統治」を目論む側との接点も多そうだ。以降の章でさらに確かめていく。

第3章　文科省予算はなぜ減り続けるのか

本章では予算面から文科省の姿を浮き彫りにする。文科省の予算額は中央省庁のなかで上位に位置するが、その使途と金額の多くはあらかじめ決められている。たとえば、公立小中学校の教員給与費の3分の1を負担する義務教育費国庫負担金、国立大学の予算の多くを賄う国立大学法人運営費交付金など、地方自治体や国立大学を通じて実行される制度に裏づけられた予算が多く、文科省が直接使う予算は少ない。こうした予算の特徴が文科省の考え方や行動にどのような影響を与えるだろうか。文科省設置後、教育予算は削減され政府全体に占めるシェアも低下した。

他方、これまで手薄だった高校教育については、いわゆる高校無償化が政治主導で制度化された。民主党政権がスタートさせたこの高校無償化制度が常に政治に翻弄されてきた様子を振り返る。

1　67万人の教員人件費、3万校の学校施設建築費

文科省は伝統的に義務教育、なかでも教員給与と学校施設に対する財政制度を維持しながら「教育の機会均等」を実現しようとしてきた。ところが、1990年代以降、この財政制度の見直しが本格化し、必死の抵抗にもかかわらず文科省は大きなダメージを負った。本節は、義務教育に関する財政制度とその見直しを紹介したうえで、財政制度の維持に固執する文科省のスタンスが文科省や自治体をどのように縛っているのかを述べていく。

文科省予算の構造

教育分野の予算では学校教育に関するものが大きなシェアを占めており、大きく義務教育、高校、大学に分かれる（図表3-1）。学校に関する費用はその設置者（国、都道府県、市町村、

図表 3-1　文部科学関係予算の構成（2019年度）

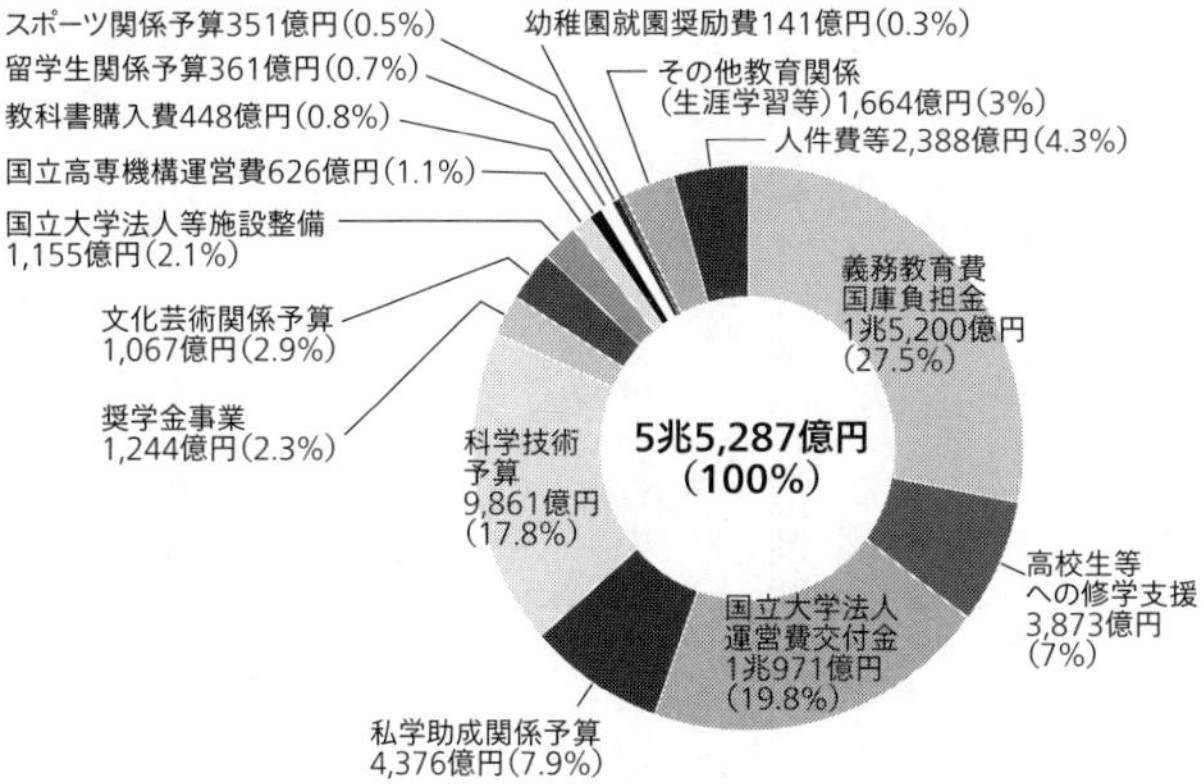

注）出典の注記は省略した
出典）『文部科学白書』（2019 年度）430 頁より作成

学校法人）が負担するとされ、これを「設置者負担主義」という。

ただし教育を行うには他の対人サービス同様に人件費がかかる。その巨額の費用を設置者だけでは負担できないため、文科省は公立小中学校の約67万人の教員給与と学校施設建設費、国立大学、私立学校の経費に対する財政制度をもつ。支援額は生徒数のような測定可能な指標に基づいて算出されるから、政治家の恣意的な介入がなく、短期的には予算の使途と金額に大きな変動がない。ただし、高校については義務教育でないため、伝統的に教員給与と学校施設費への文科省からの財政支援はなく、総務省が所管する地方交付税によって支えられてきた。

政府予算のなかで文科省予算のシェアは少子高齢化に伴って減少が続いている。2019年度予算では101兆円のなかで5・5兆円（5・4%）となっている。これに対して社会保障費は32兆円、公共事業費は7兆円、防衛費は5・3兆円である。予算全体でみると社会保障費の伸びがたいへん大きく、教育費を含め他分野が圧迫されている。少子高齢化は高齢者向けの社会保障費の増額を正当化する一方で、教育費削減の「錦の御旗」となっている。

これに対して統合直前の科技庁予算を除いた文部省予算だけをみても、5・9兆円（政府予算の7・2%）と実額、シェアともに2010年代後半の文科省予算よりも大きかった。文科省となった直後の2001年度には6・6兆円（8・0%）となったものの、その後急減していった。たとえば公立小中学校の教員給与制度に大きな変更があった2006年度は5・1兆円（6・4%）に落ち込んだ。以下でみるように、この公立小中学校の教員給与を負担する義務教育費国庫負担制度のシェアは依然として大きい（2019年度で1・5兆円、省予算の27・5%）。また、この制度と並んで大きなシェアを占めるのが国立大学運営費交付金である（1・1兆円、同19・8%）。

まず文科省予算最大のシェアを誇るこの義務教育費国庫負担制度を通して文科省の姿を浮き彫りにしよう。

義務教育費国庫負担制度

この制度は教育の機会均等を義務教育段階で実現することを目的としてつくられた。その根拠となるのが「義務教育費国庫負担法」であり、その第一条にはその趣旨が次のように謳われ、特に「教育の機会均等」が重視されている。

この法律は、義務教育について、義務教育無償の原則に則り、国民のすべてに対しその妥当な規模と内容とを保障するため、国が必要な経費を負担することにより、教育の機会均等とその水準の維持向上とを図ることを目的とする。

この制度は約67万人の公立小中学校の教員給与の人件費を国が負担する仕組みである。「設置者負担主義」があるのに国が負担する根拠は、憲法に義務教育が国の責務として定められているからである。

国の負担の仕組みは、文科省が教員人件費総額の3分の1を負担し、残りの3分の2は地方交付税（国がいったん徴税したものを自治体の必要度に応じて配分される交付金の一つ）によって手当てされる。国から自治体に渡るお金といえば補助金を思い浮かべるだろうが、負担金は補助金とは異なる。「負担金」は本来国の責任で行うべき仕事を、自治体を通じて行わせるための制度である。「補助金」だとその額を決定するために各省庁は年度ごとに予算折衝に巻き込まれるが、負担金は計算方法がしっかりしているため補助金よりも安定的に予算が確保でき自治体にとっても見通しが立てやすい。かってはこの負担法のことを「恒久法」と呼ぶことがあったぐらいである。

国が憲法の規定を受け、義務的に自治体への財政支援を行うという点では、義務教育は生活保護と同じ構造である。国が義務教育費を負担する必要性については、教育社会学者の中澤渉《わたる》がわかりやすく説明している。もし教員の雇用を自治体任せにすると、税収の豊かな自治体が高い給与で優秀な教員を雇用する一方で、税収の乏しい自治体が不利になり、ひいては全国どこでもほぼ同水準の義務教育を提供するという目標が果たせない。そこで標準的な給与水準を国が保証することで、全国の教員の水準を均等にすることを狙う仕組みが必要となる。第1章第3節でみたように、文科省が自治体の行動をある程度統制しようとする背景がここにある。

教育には「正の外部性」と呼ばれる性質があり、子どもに教育を受けさせれば社会に出てから納税者となる、国家全体の知的水準が上がるなど、社会にメリットがあるという考えがある。個人に義務教育の費用を負担させると学校に行かせてもらえない子どもが出てくるから、政府が保護者に強制してその子どもに教育を受けさせる仕組みが義務教育である。それを確実に実行するために義務教育を税金で運営し、この延長線上に義務教育を担う小中学校教員人件費を中央政府が負担する仕組みがある。さらに、税金で義務教育を運営する以上、教育の受益者を差別しないという特徴もある。こうして、国が支える義務教育は国全体の教育水準を高め、社会にメリットをもたらすと考えられている。

なお、文科省からの負担金とそれに付随する地方交付税を用いて、公立小中学校の教員給与を最終的に支払うのは都道府県であり（「県費負担教職員制度」）、この少子化時代においても都道府県予算の2割が教育費で占められている。公立小中学校は市町村が設置するから、教員給与は市町村が支払うべきだと思うかもしれないが、教職員の雇用を考えるとそうはいかなくなる。もし、現行制度のような負担法が存在せず、市町村それぞれが教員を雇用することになった場合、その異動範囲は当該市町村内となる。大都市であればそれでもいいかもしれないが、小規模市町村では同じ学校に教員が長期間在籍することになり、人材の流動性が損なわれる。まして小規模市町村では給与水準をそれほど高くできないから教員の質が低くなるだろう。こういう事情で現行制度では都道府県を教員の給与支払い者とし、異動範囲も都道府県としている（「広域人事」）。

三位一体の改革

文科省のアイデンティティそのものである義務教育費国庫負担制度は1940年に生まれた。当時、自治体がその負担に耐えきれなくなったからである。戦後、いったん廃止されるなど紆余曲折《うよきょくせつ》を経て1953年に復活したあとは制度そのものが見直されることはなかった。

ところが、2000年代に入って構造改革が叫ばれるようになると、一転してこの制度が改革のやり玉に挙がった。小泉政権で進められた「三位一体の改革」によって、それまで文科省の負担割合は、都道府県が支払う教員給与全体の2分の1だったのが、2006年度から現行の3分の1へ引き下げられた。文科省の抵抗もむなしく、それまで2兆5000億円程度だった負担金のうち、およそ8500億円が地方交付税へ振り替えられ、文科省予算が大幅に削減された。

ここで2000年頃からの義務教育費国庫負担の推移をみてみよう。文部省末期の1999年度は文部省予算全体の5・9兆円のうち3・1兆円（51・8%）を占めていた。「三位一体の改革」直前の2004年度は2・5兆円（文科省予算の41・5%）、「三位一体の改革」後の2006年度は1・7兆円（同32・7%）、そして2020年度は1・5兆円（同28・7%）である。金額にして半額、省全体の予算シェアでも半分近くまで落ち込んだ。少子化とはいえ「三位一体の改革」の負担率引き下げが大きく響き、義務教育費国庫負担金の省内でのウエイトは下がった。

もともと小泉政権の目玉だった「三位一体の改革」は、自治体の財政自由度を高めるのが目的とされ、国から自治体に流れる補助金を減らすかわりに、地方税を増やすことが目標だった。国が義務的に支出する負担金とは異なり、補助金は国が自治体をある方向に誘導し特定政策を実施させようとするものだが、この改革では負担金と補助金が「補助負担金」と一括《くく》りにされ削減対象となった。

教育分野の政治力の弱さゆえに、削減のやり玉に挙げられたのが義務教育費国庫負担制度だった。教育分野には教職員組合、教育委員会関係団体、保護者団体（ＰＴＡ）といった教育財政制度の「応援団」が揃っているが、かつて強い組織力を誇った教職員組合は組織率が低下するとともに、政治的影響力も弱くなった。教育委員会関係団体などは教育分野のなかでは強い影響力を維持しているが、他分野の団体と協力して政治や世論を動かすような発想は普段もたない。

教育分野にとって向かい風となったのは、それだけではない。２０００年代前半は文科省が「ゆとり教育」を推進しようとして世論の猛反発にあってから日が浅かった。文科省がいくら義務教育の重要性を叫んだとしても、世論がその説明に納得するのは難しかった。

それでも文科省や教育団体は抵抗の構えを崩さず、主な議論の場を「ホームグラウンド」の中教審に設定し「義務教育特別部会」を置いた。そこに総務省を代弁する地方団体委員が「アウェイ」チームとして参加した。中教審としては珍しく激しい議論が展開され、最終的に義務教育費国庫負担制度の堅持が提言されたが、文科省ホームの中教審の結論は尊重されず、その後の政治折衝で義務教育費国庫負担金を丸ごと地方税へ切り替えることは断念されたものの、50年以上の歴史で初めて負担率を引き下げ、その差額を地方交付税で手当てすることになった。

地方交付税は自治体が使途を自由に決めることができる「一般財源」であるのに対して、負担金は使途が決められている。改革前は負担率が2分の1だったので残りの2分の1が地方交付税で手当てされていた。改革後は負担率が3分の1になったため、3分の2が地方交付税で手当てされることになった。詳しい説明は省くが、これによって自治体はこれまで以上に教員給与にメスを入れやすくなった。

「三位一体の改革」の間、文科省や教育関係者は中教審を主戦場として必死に抵抗した。それと同時に場外では教育団体を中心に制度堅持を求めただけでなく、自治体の首長や議会にも協力を呼びかけた。文科省や教育団体は普段、分野を超えた政治的連合をつくることはしなかったが、今回ばかりは文科省を先頭に団結して必死に制度の必要性を説いて回ったのである。その結果、市区町村議会の3分の2が制度維持を求める意見書を採択するという「戦果」を上げた。結果からみれば、制度の全廃を免れたので文科省の動きに意味はあったようだ。

文科省も教育団体もこの制度の必要性が正しく理解されたために負担率引き下げでとどまったと考えたいだろうが、実際には分野を超えた幅広い政治的支持連合が構築されたことが一番大きな理由である。

公立学校施設整備費負担金――もう一つの負担金の急減

存在が忘れられがちだが、実は教育分野にはもう一つの負担金がある。「公立学校施設整備費負担金」である。全国に約3万校ある公立小中学校の校舎、体育館など学校施設の建設費用を手当てする。公立小中学校の施設面積は合わせて東京ドーム約3400個分である。これだけの広大な施設群の建設を支えてきたのが1953年に誕生した同負担金である。戦災で多くの学校施設が被害を受けただけではなく、新制中学校建設という難事業もあった時代に、同負担金の果たした役割は大きかった。

1980年代には、第二次ベビーブームがもたらした建設需要を見事に乗り切った。その後は少子化が進み、学校施設の新規建設は減っていったことで負担金の予算額は減少した。

類似目的の補助金との合計予算額をみると、当初予算で1998年度1731億円だったものが2018年度には682億円となっている。今では文科省予算に占めるシェアはほんのわずかとなった。

予算急減の背景にあるのが「第三次ベビーブームの消滅」である。第二次ベビーブームのピーク時の1970年代前半生まれが小学校に入学したのが1980年代はじめであった。それに合わせて日本各地では学校施設の新築・増築が行われた。この世代である筆者は人口1万人ほどの農村生まれだが、そのような自治体でも小学校校舎が増築されたことを覚えている。その後、少子化が続き、第三次ベビーブームも到来しなかったため、学校施設の新増築ラッシュは二度と来なかった。

学校施設建設を支援する意義と弊害

公立学校施設費国庫負担法は1953年に制定された。国の資金で自治体の資産を増やすことには大蔵省をはじめとして反対論もあった。しかし、義務教育を安定的に運営するために不可欠の仕組みとしてこの負担金も定着していった。

終戦直後、戦災で学校施設は大きな被害を受けていた。そればかりではなく、義務教育年限が9年に延長され、新制中学校を大量に設置しなければならなくなった。そのため、この時期、二部授業、三部授業はもちろん、馬小屋や神社仏閣での授業もあった。さらには露天で行う「青空教室」まであった。

ただでさえ自治体の財政はこのように圧迫されていた。そこにドッジラインという自治体財政に大打撃を与える政策がとられ、自治体財政はいっそう逼迫《ひっぱく》し、学校施設整備が頓挫する自治体が相次いだ。当時の記録によると１７０件の首長の引責辞職、リコールがあり、少なくとも数名の首長が自殺する痛ましい状況となった。

こうした悲劇を教訓として、国が義務教育に責任をもつために、小中学校施設の建設事業にも負担金が支出されることになった。この仕組みの恩恵は長らく社会で忘れられていたが、東日本大震災からの早期復旧・復興に大きな役割を果たしたことで再認識された。

たしかに学校施設の安定供給という点で、この負担金は重要な役割を果たした。しかし、それは「逆機能」をもたらすこともある。２０２０年時点で学校施設を含む多くの公共施設は建築後数十年が経過し、その長寿命化が課題となっている。しかし学校施設については長寿命化計画の策定率が２０１７年度の国土交通省の調べでわずか４％に過ぎず、インフラ系公共施設（ダム58%、公営住宅89%など）と足並みが揃っていない。

これはどのようなメカニズムによるのだろうか。まず、負担金という予算が安定的に確保される仕組みがある。そのうえ、義務教育施設を自治体が建設する際には、地方財政措置と呼ばれる地方債やその返済費用（元利償還費）に対して、地方交付税による手当てがなされる。その結果、自治体が最終的に負担するのは建設費用全体の1割から2割程度である。こうした背景から、学校施設については寿命を延ばしたり、建設費を節約しようという発想が生まれにくい。

社会に訴える力はあるか

本節では義務教育に関する二つの負担金についてみてきた。特に義務教育費国庫負担制度は文科省のアイデンティティそのものだった。この制度のおかげで文科省は世界に誇る義務教育を実現できたが、その成功体験が文科省を閉じた世界に押し込めてきた。文科省は教育関係者からの支持に安住してきたため、政治家、財界、他分野の利益団体、国民からの支持を調達することを苦手としてきた。国で教育に責任をもつ文科省がこういう状態では、ときどき降ってわいてくる外野からの思いつきの教育改革案に振り回されてしまう。これでは教育政策そのものの不安定化を招いてしまう。

文科省は「三位一体の改革」に直面したとき、一瞬ではあれ目覚めたのではないだろうか。しかし、負担金の死守に成功した後の動きは伝わってこない。文科省は地方政治家からの支持の調達に駆け回った経験をその後どう活かしているだろうか。

２０２０年にはコロナ禍による休校措置を受けて、児童生徒の学習時間を穴埋めするために９月入学が検討されたが、そこで文科省は抵抗勢力に仕立て上げられてしまった。社会に対して常に理解を求める姿勢が文科省には必要である。

2　高校無償化――政治に翻弄される４０００億円予算

本節では政権交代のたびに制度が変わってきた高校無償化制度を中心に、文科省が高校教育の分野にどのように関わるようになってきたかをみる。前節でみたように、文科省予算全体は減少傾向にあるが、民主党政権となった直後の２０１０年、高校無償化の実現のため、文科省予算の７％を占める４０００億円規模の予算が突然降ってきた。政治主導でスタートした高校無償化制度について文科省はどのような役割を果たしてきたのだろうか。

影の薄かった高校教育

高等学校（高校）は高等教育と間違われやすい。高校はあくまで中等教育であり、高等教育とは主として大学を指す。つまり、日本の中等教育段階の学校は、義務教育の中学校（前期中等教育）と義務教育ではない高校（後期中等教育）とに分かれている。

文科省は、国の基盤づくりに重要な義務教育を伝統的に重視してきた。そして前節でみた義務教育費国庫負担制度、次節で触れる国立大学法人運営費交付金制度が文科省のアイデンティティを形成してきた。両者に挟まれ影が薄かったのが高校教育である。実は高校教育分野には、義務教育費国庫負担金や国立大学法人運営費交付金のようなしっかりした制度がなく、文科省の財政的支援はほとんど行われてこなかった。

第1節でみたように、義務教育では教員給与と学校建設費用に文科省の「負担金」が出されるが、高校教育ではいずれについても地方交付税がカバーするだけである。自治体は地方交付税の使途を自由に決められるから、高校教育にどの程度予算を投入するかは自治体の自由である。そのため伊藤正次の研究にあるように、高校のほとんどを設置する都道府県は、義務教育と比較すれば文科省（文部省）からの介入をやり過ごしやすかった。

歴史的にみると、文科省は高校教育に対する財政制度を長いこともたず、「ノーサポート・ノーコントロール」の状態が続いてきた。せいぜい科技庁と統合直後の目玉施策として打ち出されたごく一部の高校を対象とする「スーパーサイエンスハイスクール事業」（第5章第3節）を通じてエリート高校づくりを目指した程度である。

文科省自身、高校教育予算を獲得しようとする意識は希薄だった。政権獲得前の民主党からの高校無償化の提案に対して冷淡な姿勢だったことからも、文科省とりわけ文部系の行動様式が「制度ありき」だとわかる。つまり、義務教育費国庫負担金のような制度をつくった戦後第一世代で「歴史」がストップしていて、第二世代以降は制度をつくる気概がないともいえる。高校進学率が上昇し、１９７０年代はじめには９割を突破したにもかかわらず高校生に対する支援は手薄だった。そこに変化を促したのが「政治」だった。

民主党は政権を奪取する直前から、個人に対する財政支援を政策の基軸とした。子ども手当が最も有名だが高校無償化もまた同じ発想から考え出され、２００８年から足かけ３年をかけて実現にこぎ着け２０１０年度からスタートさせた。

高校無償化の考え方

日本では高校は義務教育ではないから、授業料が徴収されてきた。公立高校では授業料が年間十数万円であり、これを徴収しなければ無償化が実現する。その予算額は約４０００億円であり、文科省予算の７％のシェアを占めることになった。文科省がこれだけの新規予算を獲得するのは平時ではまずありえないが、政治主導の後押しを受けて実現した。

高校無償化の制度創設過程では、文科省は文字どおり「政治主導」によって振り回された。その見返りに文科省は巨額の予算を手に入れたが、棚ぼた式に転がり込んできたものであり「自分事《じぶんごと》」として認識されたようにはみえない。むしろ、その後も文科省は受動的な立場の

図表 3-2　調整が困難な相手（上位）

	1位	2位	3位	4位	合計
財務省	45.3	13.3	8.0	8.0	74.7
野党	16.0	22.7	10.7	9.3	58.7
他の府省	2.7	5.3	13.3	4.0	25.3

注）四捨五入の関係で、合計が合わない場合がある
出典）青木栄一編著『文部科学省の解剖』262 頁より作成

まま振り回されているようである。

先にも述べたように、民主党は政権奪取戦略の基礎に個人への財政支援を据え、高校無償化は「子ども手当」と並んで民主党の政権交代選挙のマニフェストに盛り込まれた。ただ、文科省は民主党への政権交代が確実視されるなかでも、財源問題を背景に慎重かつ冷淡だった。いくら政治が導入を叫んでも、財源がなければ財務省との折衝は頓挫すると考える癖が染みついていた。この苦手意識は筆者たちが行った文科省職員アンケートでも確認できる（図表3-2）。

2009年の政権交代直後、すぐに吹き出したのはやはり財源問題だった。政府与党で財源を捻出すべくぎりぎりの調整が行われた結果、高校生に相当する年齢の子どものいる家庭の「扶養控除」と「配偶者控除」の廃止が決定された。つまり増税と授業料無償化のバーターで、家計への恩恵は無償化される額より少なかった。また、数パーセントであるものの高校に進学しない子どもがいるし中退する生徒もいる。そうした家庭では控除額が減る一方で高校無償化の対象から外れてしまう。こうした問題はその後も種火のようにくす

ぶり続けている。

次に問題となったのが支給方法である。当初、直接給付か間接給付かで民主党と文科省の考えは食い違った。「直接給付」とは家庭（生徒本人）に給付するものであり、「間接給付」は設置者に授業料相当額を給付するものである。結果的には後者の案が採用されたが、こうした事務的、技術的な点については文科省の考えも反映された。

高校無償化の考え方は「機会均等」であり、関連法律の第一条に表現されている。創設当初の名称は「公立高等学校に係る授業料の不徴収及び高等学校等就学支援金の支給に関する法律」だった。その第一条には、授業料相当額の高等学校等就学支援金を支給することで経済的負担を軽減し、「教育の機会均等に寄与すること」が目的として謳われた。

日本の教育政策では、特に義務教育について機会均等原則が強く意識されてきた。前節でみた義務教育費国庫負担法第一条にも「教育の機会均等とその水準の維持向上を図ること」が目的とされている。つまり、高校無償化制度の導入によってついに高校にも機会均等原則が反映され、明らかに大きな政策転換となった。

なお、高校無償化と一口にいってもその考え方には幅がある。後に自民党が政権に復帰した際には、この法律の名称は「高等学校等就学支援金の支給に関する法律」と改称された。この背景には授業料の不徴収という高校生全員を無条件に対象とする施策を嫌う自民党流の考え方があり、あとでみるように自民党政権では所得制限が導入されることになる。

政党間の対立軸

高校無償化をめぐる民主党と自民党の考えには大きな違いがあった。そのなかでも所得制限と対象者が大きな対立軸となった。

一つ目の所得制限については、民主党は所得制限なしを主張し、自民党は所得制限を主張した。自民党はバラマキ批判を行い所得制限を求めたが、これは誰もがそのサービスの対象となる「ユニバーサルサービス」とは異なる「選別主義」といわれる。前者は高校教育を義務教育と同様のもの、すなわち「権利」とみなす。他方、後者は支払い能力のある者には支払わせることを重視する。制度創設時には結局民主党案が採用され所得制限は設けられなかったものの、附帯決議で3年後の2013年度に検討を行い、必要があれば見直しを行う規定が盛り込まれた。

二つ目の対象者については、外国人学校を対象とするかどうかが問題となり、朝鮮学校については大きな議論となった。民主党内にも保守系議員を中心に反対論があり、制度のスタート時には朝鮮学校を対象とするかどうかは棚上げされ、個別審査に委ねられることとなった。2010年11月に北朝鮮が韓国を砲撃したことでこの審査が中断されたものの、201

1年8月に菅直人《かんなおと》首相が審査再開を指示した。この時期、民主、自民、公明の3党が主要政策見直しに合意していたため、これは不意打ちだと批判された。一部地方議会からも審査再開を批判する意見書が出された。一方、賛成側からは、朝鮮学校の生徒の保護者が日本に居住する納税者である以上、朝鮮学校を無償化対象から外すことは税金の使い道の公平性を損なうという意見も出た。

民主党政権が末期状態となるにつれ、高校無償化をめぐる動きも慌ただしくなった。政策見直しの報告書が2012年3月に出された際には、所得制限導入がぎりぎりで見送られた。これは政権党の民主党の主張に、野党の公明党が賛成したからである。この点で公明党は自民党と異なる考えをもっていた。一方、同年11月には自民党が朝鮮学校を対象外とする改正法案を参議院に提出するに至った。

文科省の事務次官経験者の前川喜平の述懐によれば、政権末期ともなると省内の動きも変わってくるようで、次期政権で鍵となりそうな政治家への接触が増えるという。その一方で、制度創設時の見直し規定をふまえた高校無償化の政策効果に関する検証が省内で行われた形跡はない。文科省が政権交代を見据えて政治的に動くのはごく自然なことであるが、官僚の本分である政策の検証作業は行われたのだろうか。

自公政権の高校無償化見直し

2012年12月の総選挙で民主党は惨敗し、自公両党が政権に復帰した。その後の展開をみると、いったんできあがった制度には「慣性の法則」が働くことがよくわかる。

文科大臣となったのは新世代の文教族の代表格である下村博文《しもむらはくぶん》で、就任直後の会見で、所得制限を速やかに実現すると表明した。さすがに2013年度には間に合わなかったが、2014年度から所得制限が導入され、これまで高校無償化の恩恵を受けていた高所得層は授業料を支払うことになった。一定の所得以上の家庭には授業料の支払い義務を課す点で、ユニバーサルな制度ではなくなった。ただ、この所得制限額については、公明党の意向が大きく反映し、当初の案よりも引き上げられた。当初、自民党は対象者を低所得層に限定しようとして世帯収入700万円前後のラインを想定したのに対して、公明党はなるべく多くの中間層にまで拡大しようとして1200万円程度を主張していた。その後、自民党が900万円、公明党が930万円まで歩み寄り、最終的に910万円で折り合った。

高等学校等就学支援金の支給対象が狭まったため、これまでの予算に余裕ができた。これを浮いた財源すなわち「原資」とみなして給付型奨学金を創設したほか、私立高校の生徒への支援額を増額することになった。ユニバーサルサービスからは一歩後退した形となったものの、予算額を単純に減らしたわけではない。浮いた財源が活用され、給付型奨学金と私立高校生への手厚い支援が始まった。このようにいったんできあがった制度はなかなかしぶとく生き残る。さらにその後の第二次安倍政権では幼児教育、高等教育へと無償化の範囲が拡大されていくことになる。

ところで新たな制度は民主党政権の授業料不徴収という考え方を放棄した。改正された法律名は「高等学校等就学支援金の支給に関する法律」であり、高校無償化ではなく、対象となる家庭へ支援金を支給するという仕組みが強調された。

この制度変更の際にも見直し規定が附帯決議に盛り込まれた。そこでは法律成立３年後の２０１７年度に制度の効果を検証し、必要に応じて見直しを行うことが規定された。実際、この規定に基づき２０１７年度に文科省内に設置された有識者会議で調査研究も進められたが、より重要な政策課題だった高等教育（大学）無償化の検討を優先する形でこちらの検討作業は休眠状態となった。なお、有識者会議のもとで進められた調査研究では外国人学校は分析の対象とならなかった。

高校無償化制度の「慣性の法則」は続き、２０２０年度から私立高校の実質無償化もスタートした。所得制限はあるものの、国公立高校よりも3倍程度高額な私立高校の授業料を無償とすることになり、５３９億円が増額された。私立高校への進学を経済的理由から躊躇《ちゅうちょ》してきた所得階層の家庭が私立高校へ進学するようになれば、この少子化社会にあって私立高校の経営は一息つける。しかし、不十分な授業内容しか提供せず授業料相当額を不正に取得した一部の広域通信制高校がすでに摘発されている。教育の機会均等という大きな政策目的が達成されたかとは別に、どのような副次的効果があるのかも検討される必要があるだろう。

高校教育への関与拡大

本節冒頭で述べたように、文科省は歴史的にみれば高校教育にそれほど強く関与してこず、高校無償化を通して文科省の高校教育への関与が拡大した。傍証でしかないが、このことは毎年文科省が高校関係者を対象に開催する全国高校改革研究協議会の規模拡大からもうかがえる。２０１４年度からそれまで１日だった日程が２日へと拡大し、参加範囲も拡充された。２００３年時点で各都道府県教委２名程度、指定都市教委１名程度、各都道府県知事部局１名程度、国立大学附属１名程度、総合学科設置校教員２名程度だったものが、各都道府県教委６名以内、指定都市教委４名以内、各都道府県知事部局４名以内、学校設置会社所轄自治体２名以内、国立大学法人２名以内へと増えた。

文科省の呼びかけに応じる高校関係者が増えたということは、それだけ文科省の高校教育政策と利害関係が増したといえる。文科省にとってもこうした協議会を足がかりにして高校教育への影響を強めていくことになる。

旧文部省時代、初中局に高等学校課が置かれていたが（しかも筆頭課）、文科省になってからは高校教育を扱う課は置かれなくなった。それが２０１８年10月の改組によって、課長級ポストである初中局参事官が高等学校担当として置かれることになった。この参事官の担当する業務は、高校教育に関する基準の設定、制度改革、中高一貫教育の振興、定時制・通信制高校の振興、「高校生のための学びの基礎診断」、産業教育といった高校教育に関して幅広い内容を含む。

参事官の分掌事務に耳慣れないものが一つある。「高校生のための学びの基礎診断」である。これは２０１９年度から実施されているもので、民間試験を文科省が認定し高校生の基礎学力の定着度合いを測定するものである。２０１８年度に申請した27件のうち25件が認定された。認定例をみると、国語（公益財団法人日本漢字能力検定協会、株式会社ベネッセコーポレーション）、数学（公益財団法人日本数学検定協会、株式会社ベネッセコーポレーション）、英語（株式会社教育測定研究所、ケンブリッジ大学英語検定機構、株式会社Z会ソリューションズ、ブリティッシュ・カウンシル、株式会社ベネッセコーポレーション）、全３教科（株式会社学研教育みらい、株式会社ベネッセコーポレーション、株式会社リクルートマーケティングパートナーズ）について、いずれもなじみのある企業、団体名が並ぶ。

民間テストを公教育に導入することには批判が寄せられるが、教員の業務負担を軽減するためには有益な側面がある。テスト費用についても批判があるが、テストの導入自体を批判する根拠としては弱い。政府が学校や家庭への費用助成を検討すればよいからである。そもそも、教員が一からテストを作問する風習自体がおかしい。勤務時間帯にすべての業務が終わるのであればかまわないが、高校教員の勤務時間も長時間であることが各種調査からわかっている。作問、採点業務を外注できれば勤務負担が軽減される。

ただ、問題は財源である。財務省と厳しい折衝を経て予算獲得することは困難だと、文科省自身は闘う前からあきらめている。そのかわりに、文科省が旗振り役となり、高校教育に民間企業を参入させ、その費用を家計から支出させれば財務省との折衝は回避できる。結局、文科省は財務省と事を構えるのを回避して、家計支出に依存してしまった。

高大接続という新領域

文科省が高校教育に以前より関わるようになり、文科省の政策基調は次の段階に移行した。具体的には「高大接続」という目新しい用語に象徴される大学入試改革である。義務教育を重視してきた文科省は他方で大学教育にも力を入れてきた。国立大学と私立大学への財政支援（私学助成）はそれを具体化したものである。一方、文科省予算に高等学校関連のものが現れるようになったのは高校無償化からである。それまでも事実上の義務教育だった高校教育は義務教育とすんなりと結びつき、初等中等教育をひとかたまりに扱えるようになり、さらには高大接続という考え方で高等教育との結びつきを強めることを目指した。

つまり、高校を「つなぎ役」にして、文科省は初等中等教育と高等教育への包括的影響力を行使する戦略を立てられるようになった。さらにいえば、小学校、中学校、高校、大学という各校種に対する政策にくわえて、各校種間の接続（入試）という新しい政策領域も自らの業務とすることができた。

２０１０年代に制度化が試みられた高大接続の要諦は大学入試改革であり、民間のテスト産業への門戸開放であった。そこではセンター試験に代わる新テスト導入や民間資格試験の活用などが狙われた。しかし多くの批判が寄せられ、民間開放自体への疑念、採点の公平性、受験機会の不平等といった指摘がなされ、２０１９年末にいったん制度化がストップした。この高大接続については第5章で詳しく紹介する。

なお、高校教育への関心を深め、関与を強めたのは文科省だけではない。むしろ文科省の動きに先んじて自民党の教育再生実行本部や官邸の教育再生実行会議では、高校教育の変容を狙った政策を立てるようになった。たとえば、高校と企業・大学の連携を強化すること、高校を核とした地方創生を進めること、普通科の細分化を打ち出している。政治家にとっては改革姿勢を打ち出せばそれだけ支持を得やすくなり、企業にとってもこれまで参入できなかった大学入試、高校教育、大学教育市場が開放されれば大きなビジネスチャンスとなる。特に、受験コンサルタントが跋扈《ばっこ》するアメリカほどではないにせよ、日本人にとっても大学受験は人生の重大イベントであり、市場規模は大きい。

政治主導にあっても守るべきこと

文科省にとって高校無償化で得たものは大きかった。霞が関のなかでも特に強く財務省をおそれる文科省が4000億円もの新規予算を獲得できたのは政治のおかげである。

推進した民主党とブレーキをかけようとした自民党との間で政策論議が展開されたため、政策効果を検証することが立法の都度、附帯決議に盛り込まれた。一般に附帯決議は有名無実のものであり、建前だけのものではあるが、やはり建前は重要である。2013年度の見直しは政権交代で流れたものの、2017年度には見直し作業に着手した。しかし文科省はこの過程で見直しのための有識者会議を設置したものの、主体性が感じられなかった。政治家の関心がそのときどきの政治状況で移ろいやすいのは仕方がない。次の選挙を意識した短期的利益追求行動は、病理というよりも政治家の生理だからである。これに対して、文科省は高校無償化制度を毎年動かしている政策実施の当事者である。附帯決議に盛り込まれたからといってその期日に合わせて動くのではなく、恒常的に制度のモニタリングをするべきではなかったか。

文科省はせっかく同じ庁舎に国立教育政策研究所という研究機関を置いているのだから、フル活用してはどうか。ちなみにニューヨーク市教育局には博士号取得者や博士課程の学生が数十人規模で分析部門のスタッフとして働いている。文科省が政治に動かされるのは致し方ないが、いつまでもそれを嘆くのではなく制度のモニタリングや政策効果を検証するために安定的な研究活動に力を入れるべきである。

本節では、高校無償化制度の変遷を追いながら、その節目節目で文科省の果たした役割をみてきた。この制度がもともと政治主導で導入されたため、そして文科省は高校教育に対してあまり接点がなかったため、当初冷淡かつ受動的だった。ところが、いったん制度ができあがると、それをめぐる与野党の対立に翻弄されるようになり、嫌でもこの制度に付き合わざるをえなくなった。

しかし、制度ができあがったことで、文科省は高校教育への関わりを深めるだけではなく、高大接続＝大学受験を通じて高等教育へもこれまでと異なる関わりをもつようになった。その一方で、検証作業が不十分だったことは、結局のところこの制度が「棚からぼた餅」式に降ってきたものであり、文科省は自ら苦労して獲得した制度という認識に乏しかったことをうかがわせる。

3　国立大学の財政——年マイナス1％の削減

本節では国立大学法人の財政を支える「国立大学法人運営費交付金」を中心に、文科省が高等教育に果たす役割をみていく。２００４年を境に国立大学は法人化され、文科省の内部組織から自由度の高い独立した経営体となるはずだったが、それから20年近く経過してもいまだ実現していない。むしろ財政的に困窮する法人すら出はじめている状況をなぜ招いてしまったのだろうか。

元文相の述懐

元東大総長の有馬朗人《あきと》は文科省になる直前期の文部大臣の一人で、１９９８年7月から１９９９年10月までの在任中、国立大学法人化に向けた地ならしをした。有馬は法人化されて15年ほどが経った２０１８年に、法人化は失敗だったと述懐した。その理由は国立大学の財政を支える文科省からの運営費交付金が削減されるようになり、さらにその減ったパイをめぐって国立大学同士で奪い合う構図となったからである。

自由な運営ができるものと考えて法人化に舵を切ったものの、最も重要な財源が枯渇するようになってしまった。国立大学は長らく日本の教育の最高学府の中核として存在感を発揮するとともに、学術・科学技術の牽引《けんいん》役として世界に伍する業績を残してきた。その国立大学が今や風前の灯火となっている。

「国立大学法人化」は2001年の中央省庁等改革と連動し、中央省庁が抱えていた各種の組織を「独立行政法人」として自由度のより高い組織に生まれ変わらせる改革の一部だと説明された。ところが実際は中央省庁のリストラの一環として、国家公務員である国立大学の教職員を「法人職員」として切り離すことが主な目的だった。

中央省庁等改革が行われた2000年から遅れること2年、2002年11月に国立大学法人化が閣議決定され、2003年7月には関連法が成立、2004年4月から国立大学はすべて国立大学法人となった。このとき教職員はすべて国家公務員から法人職員となった。21世紀に入ってから日本は公務員減らしが続いた。国立大学法人化によって13・3万人が、さらに2007年の郵政公社民営化では24・8万人が国家公務員から外れた。

国立大学を支えるお金

2020年度現在、国立大学は86あり、それぞれが独立した財務運営を行っている。そのなかで最も重要なのが、文科省から国立大学にわたる「国立大学法人運営費交付金（以下、運営費交付金）」である。2010年代に文科省予算が約5兆円規模で推移するなかで、この運営費交付金額は1兆円強であり、予算額の面からこの制度が義務教育費国庫負担制度と並ぶ重要な制度だとわかる。

法人化時点の2004年度に1兆2415億円あった運営費交付金は、毎年1％程度の削減が続けられたことで2018年度には1割以上少ない1兆971億円となった。法人化の目的は自由度の高い運営を実現することにあったから、文科省からのお金が減っても自己収入が増えればよかったはずだが、そうはいかなかった。

そもそも有馬の認識では運営費交付金の削減は行われないはずだった。有馬は口約束をほごにされた格好だが、文科省は逃げるわけにはいかない。減少したものはなんとか埋め合わせしなければならないから、各国立大学に力を入れさせたのが「競争的資金」の獲得であった。運営費交付金が使途自由のお金であるのと違って、競争的資金は主として研究のために、文字どおり他大学と競い合って獲得するものである。

その結果、2004年度の法人化時点で6割以上だった運営費交付金のシェア（附属病院収益を除く）は、2016年には5割となり、対する競争的資金のシェアは1割から2割へ倍増した。つまり、競争力や改革意欲のある国立大学に資金が集まるようになった。このこと自体は好ましいことのようにみえるが、もしも最低限の「生活費」としての運営費交付金がその水準すら確保されていないとしたらどうだろうか。そもそもこの競争的資金の多くも科学研究費補助金（科研費）という政府予算から支出されるものであり、運営費交付金の削減を科研費で穴埋めするだけのことである。ある科技系幹部経験者は、財務省側で予算を査定する主計官が１人で高等教育と科学技術両方を担当するのに、文科省側の高等教育政策と科学技術政策が「コンビネーション」を組まなかったことが、運営費交付金削減と競争的資金増加という相反する帰結を生んだ原因だと指摘した。

なお、授業料収入のシェアは減少しており、自己収入増強の努力が必要なはずなのにいささか不思議である。

このように、国立大学法人は自由度の高さを求めつつ法人化に踏み切ったものの、自己収入増強の努力は中途半端になっており、依然として文科省頼みの構造が温存されている。

運営費交付金の変質

運営費交付金は教職員の人件費へ優先的に充てられるものであり、大学にとっての「生活費＝必要経費」を賄う貴重な財源である。大学の役割は研究と教育だから、教員の研究費もここから賄われてきた。

文科省は、この運営費交付金には使途を決めずに渡してきた。これは地方自治体にとっての地方交付税と同じようなものである。ところが、この運営費交付金にまで競争原理が及ぶようになっている。2010年代後半から財務省からの強力な圧力によって、運営費交付金のうち学生定員などに則って算定される部分を減らし、改革努力や評価結果に沿って配分される部分を設けるようになった。いわばこれまで親から「渡しきり」の仕送りで生活してきた子どもたちが、お互いに使途や使い方の結果を競わされる構図である。

運営費交付金が削減されるようになったため、大きな費目である人件費の節減も行われている。特に目立つのが社会保障費や退職手当を節約できる非常勤職員の比率増加である。国立大学協会の調べによると、2007年度から2016年度の間に国立大学全体で人件費が500億円削減されたが（9362億円から8872億円）、非常勤職員の人件費は2000億円も増加した（2146億円から4143億円）。国立大学の雇用が明らかに非常勤職員にシフトしつつある。

授業料

国立大学全体の授業料収入割合はおよそ2割であり、7割以上を授業料収入に依存している私立大学と比較すれば両者の違いは際立つ。ちなみに、私立大学にも税金が投入されている。この「私学助成」制度は１９７０年度にスタートし１９８０年度には私立大学全体の経費のうち約3割を賄うに至ったが、その後は減少し続け２０１５年度にはついに1割を割り込んだ。２０２０年度の予算は約３０００億円である。

国立大学授業料は法人化後の２００５年に年間52万８０００円から53万５８００円に、入学料も法人化前の２００２年に27万７０００円から28万２０００円へと引き上げられたが、それぞれその後は据え置かれている。１９７５年時点では私立大学の授業料の５・1倍だったが、２０１５年時点で1・6倍となっている。それでも自主的な運営を支えるには、授業料引き上げを含めた自己収入拡大を考えるべきであるが、文科省は国立大学にそれを促すことはしなかった。

ところが、さすがに運営費交付金の削減が止まらないため、一部大学で授業料引き上げが行われるようになってきた。実は現在国立大学授業料として知られるのは「標準額」であり、実際には各国立大学が自主的に決めることができる。その範囲は法人化直後はプラスマイナス1割だったが、現在は2割となった。２０２０年時点では、東京藝術大学、千葉大学、一橋大学、東京医科歯科大学が上限いっぱい、2割増しの64万２９６０円に引き上げている。

これまでは国立大学の使命を「教育の機会均等」に力点を置いてきたため、文科省も授業料引き上げに躊躇してきた。そこに２０２０年度から、第二次安倍政権において消費税率を

10％へ引き上げた後の社会保障改革の一環として高等教育無償化の仕組みがスタートしたため、国立大学も文科省も身動きがとりやすくなった。多くの学生からこれまでよりも高額な授業料を徴収しても、一部の支払い能力に乏しい学生には別途経済的支援を行うお金の循環ができるからである。本来、文科省が国立大学法人の自立を促すべきところではあったが、官邸主導で始まった高等教育無償化がそれを後押ししたことになる。

文科省も２０２０年から有識者会議を設置し、さらなる授業料のあり方を検討しはじめ、経費のかかる留学生の授業料を引き上げることも論点に入っている。全体の授業料を引き上げ、支援の必要な学生に手厚く配分するという考えがようやくとられるようになってきた。

英米に遠く及ばない寄附金・基金

国立大学法人の財源で徐々に重要になってきたのが寄附金やそれをもとにつくられる基金である。国立大学協会の調べによると、２０１6年度の国立大学全体の寄附金収入は１３１3億円であり、２００8年度以降およそ１０００億円から１３００億円の間を推移している。東洋経済新報社の調査によれば、２０１7年度に国立大学の寄附金受入額ランキング１位は東京大学の１３2億円、2位の京都大学は１１7億円、3位の鹿児島大学は92億円だった。ちなみに鹿児島大学は、工学部出身者の稲盛和夫《いなもりかずお》氏が創業した京セラ株式１００万株を寄附したことによって大幅に順位を上げた。私立大学をみると２０１６年では、１位の慶應義塾大学は87億円、２位の創価大学は71億円、３位はトヨタ学園（豊田工業大学）の59億円であり、早稲田大学は31億円で６位であった。

このように国立大学法人も上位は有力私学を上回る寄附金を集めるようになったことがわかる。また法人からの寄附金が多いのが日本の国立大学法人の特徴である。

ところが、海外に目を向けると日本との彼我の差に圧倒される。『フォーブズ・ジャパン』ウェブサイト（２０１９年3月1日）の記事によれば、２０１８／１９年度のアメリカのトップはハーバード大学で約１５７７億円、２位はスタンフォード大学（約１２２１億円）、３位がコロンビア大学（約１１２２億円）である。一校で日本の国立大学すべての寄附金額とほぼ同額である。日本との金額の差もそうだが、寄附金の出所も対照的であり、卒業生からの寄附が26％となっている。卒業生以外の個人は18％、法人からは11％である。なお、寄附金の最大の出所は基金で３割となっている。

基金の目的は、その運用益を大学経営に充てることである。少々古いデータだが、東京大学基金のウェブサイトに掲載された国内外のデータをみてみよう。日本の国立大学をリードする東京大学も基金づくりに励んでいるが、２０１４年度末で約１００億円（２０１９年度で約１４９億円）にとどまっている。同じ時期（２０１３年度）の他大学の残高は、慶應義塾大学約481億円、早稲田大学約274億円。それに対してハーバード大学約3兆8800億円（2013年度のレート、以下同じ）、イェール大学約2兆4936億円、イギリスのケンブリッジ大学約8820億円、オックスフォード大学約7254億円である。

今後、各国立大学は基金残高が増えるよう努力するだろうが、英米のトップクラスに追いつくのはかなり先のことだろう。まして、10％前後の運用利回りをたたき出すファンドマネージャーを雇用する国立大学が登場するのはいつのことだろうか。

この金額の差を目の当たりにしながら、どうして文科省は「世界トップレベルの大学づくり」を目標に掲げ続けられるのだろうか。国立大学の努力も必要だが、そもそも文科省は勝算のない目標を設定し、国立大学は討ち死に覚悟の戦いに駆り出されているといえる。

応援団の不在

国立大学法人は高等教育政策ばかりか学術・科学技術政策の重要な拠点である。文科省も国立大学法人を重視してきたが、肝心の「応援団」を形成しようとしてこなかった。それは国立大学が構成する国立大学協会を相手にしていれば、日常的な業務は支障なく行えるからである。また歴代文部科学大臣も国立大学出身者が少なく、最近の例では林芳正《よしまさ》、柴山昌彦《まさひこ》文科大臣が東京大学出身である程度で、他の文教族は私学出身者が多く、国立大学の応援団

図表 3-3　接触の方向

	こちらから	同じくらい	むこうから
与党国会議員	46.7	41.3	12.0
地方自治体関係者	4.2	32.4	63.4
国立大学法人	8.8	48.5	41.2
国立大学法人以外の研究機関	9.8	50.8	37.7

出典）青木栄一編著『文部科学省の解剖』255 頁より作成

として機能しにくい。

もともと文科省は自ら相手の懐に飛び込むことをしない。筆者らが実施した文科省職員アンケートでも、文科省は国立大学からの接触を待つスタンスをとっている。法人化前に国立大学が文科省の内部組織だったためか、依然として国立大学法人を「出先機関」とみているのかもしれない。これでは国立大学を対等なパートナーとして、一緒に手を携えて改革していけないだろう。

図表3-3に示したとおり、文科省と国立大学法人との間では、接触を求めるのが「むこう（国立大学法人）から」が4割を占める。これは地方自治体、国立大学以外の研究機関との関係と似ている。この三者は文科省からの予算に依存する度合いが高いため、文科省へ接触を求める。これに対して、与党国会議員との間では、文科省は政策を理解してもらう必要があるため、「こちら（文科省）から」が5割近い。

また、アメリカと対照的に、日本の国立大学の卒業生は私立大学と比較して低廉な授業料の恩恵を受けたにもかかわらず、母校に寄附しようとしない。文科省も国立大学も卒業生を応援団に仕立て上げ、愛校心をお金で示す文化づくりをしてこなかった。

学長への集権化の限界

2004年に、国立大学の自立を促す目的で国立大学法人化が行われた後、2015年には学長への権限集中（集権化）が図られた。また、その学長を支える「経営協議会」の学外委員には産業界から多く就いている（42%）。文科省の統制から離れ自活するために、産業界とのつながりを重視する点では、いずれも筋が通ってはいる。

しかし、国立大学の運営費交付金が削減され、他方では競争力を失った企業が大学の基礎研究に資金提供をしたがらない情勢では、権限が集中した学長が行えるのは「身を切る改革」で支出を節減し、産業界の要望に無理矢理応えようとすることしかない。これは疲弊した自治体で公務員の人件費削減を訴えて当選する「改革派首長」と同じである。学長は大学全体の予算に責任をもつ以上、限られたパイのなかでの合理性だけを追求することになり、結果的に縮小均衡を目指すしかない。そうした苦境を目にしながら、財務省から運営費交付金削減を迫られる文科省は、「戦略的資金配分」という美名で予算不足を糊塗《こと》しているのが実情である。

準備不足、覚悟不足

有馬朗人に代表されるように、国立大学法人化の責任者からも失敗だったと評価される事態が起きてしまったが、その最大の理由は文科省、国立大学の準備不足、覚悟不足である。

文科省は、国立大学に対して悪意や敵意をもっているわけではないだろう。しかし、結局のところ国立大学を苦しめてしまっている。文科省は国立大学の置かれた立場に対して想像力が働かず、国立大学がどのような課題を抱え、どのような要望をもっているか十分に察知できていない。

財政危機が叫ばれ、教育予算も削減圧力に晒されるなかで、文科省自身が政府で苦しい立場となっている。それにもかかわらず社会、特に経済界から国立大学に対する期待や要求が高まっている。そこで文科省は政府内で改革を約束し、その実行を国立大学に委ねることになる。しかし、ここまでみてきたように、実行するための財源は確保できず、国立大学の自立も不十分なままである。文科省は政府内での弱い立場と、国立大学に対する優越的な立場を併せ持つ。独り立ちさせないままでいた我が子を、外圧によって準備不足のまま独立させようとする。

文科省はこれまで国立大学の統廃合を積極的に進めてこなかった。これはパイが拡大する局面では有効な考え方ではあるが、パイが縮小するなかで、そしてパイを拡大する意欲と能力が限界を迎えるなかで、文科省自身を縛ることになっている。予算を増やせないばかりか減少が続くなかで、今ある国立大学をすべて存続させるという発想を捨てきれないため、国立大学同士を競争させ真綿で首を絞めるように弱らせるしかなくなる。

だが、ついに文科省は護送船団方式を放棄し、国立大学の種別化や統合に乗り出したようにみえる。種別化の典型例が第1章で触れた「指定国立大学法人」制度（2017年〜）や、一部の教員養成大学に重点的に支援する「フラッグシップ大学」制度（2021年度〜の予定）である。ただ、これらは結局減ったパイを奪い合う構図でしかなく、健全な競争を促すものでもないし、競争に負けた場合のセーフティネットもまた議論されていない。統合については、岐阜大学と名古屋大学が法人統合し、2020年4月1日に東海国立大学機構を発足させたほか、静岡大学と浜松医科大学、小樽商科大学と帯広畜産大学と北見工業大学、奈良教育大学と奈良女子大学の3案件が検討されているが、そのゆくえは不透明だ。

文科省は国立大学を独り立ちさせずに、改革議論では常に国立大学の利益代表として全責任を負う形で、官邸や他省庁との「頂上決戦」に臨んできた。しかし、文科省は官邸、財務省、経産省などを相手にした戦いでは圧倒的に不利となるため、国立大学にとっても益がない。「親亀」である文科省がこければ「子亀」の国立大学もまたこけてしまう。今後は、国立大学は文科省におんぶにだっこではなく、せめて後をついて行く「カルガモの親子」を目指すべきである。つまり、個々の国立大学が、授業料の値上げを厭《いと》わず、寄附金集めにも励み、財政的にある程度は自立し、政府や企業にもの申せる立場にまで成長する必要がある。

人事・採用を変えよ

文科省が国立大学と健全な関係をつくり、ひいては国立大学の自立を促していくためには、文科省自身が変わらなければならない。まず、国立大学を理解する職員を増やすべきであるが、従来型の職員採用ではそれも期待できない。文部系総合職職員の多くは学部卒であり、ようやく修士課程修了者が増えつつあるが、博士号をもつ職員は多くない。文科省職員たちは学術、科学技術の最先端の場である国立大学の醍醐味《だいごみ》を博士課程の大学院生として経験しておらず、教育サービスの受け手としての経験しか持ち合わせていない。

ただ急に職員採用のあり方を変えるわけにもいかないから、むしろ国立大学の教員が文科省職員として一定期間仕事をする仕組みをつくるべきであろう。文科省職員がいくら「現場」を知る努力をしても、結局は国立大学教員のことは理解できない。そうであれば、いっそのこと文科省の職員構成の方を変えてしまえばよい。初中局では、初等中等学校の教員が研修生として文科省の業務を支えている。同じことが高等教育でもできるのではないか。さらにいえば、ある程度管理的業務に従事するポストに配置するとよいだろう。

国立大学の方もまた変わるべきである。これまで法人化前の時代、国立大学職員は文科省の職員（ノンキャリア）として、全国で一括採用されてきた。第2章で論じたように、法人化前、各大学のエース級人材が文科省本省に転任し、国立大学との間を異動しながら昇進していく「エリートコース」が存在した。ところが法人化後は各国立大学法人が独自に職員を採用して人材を抱え込みはじめたため、文科省は一般職の職員を直接本省で採用するようになり、国立大学と文科省を人的につなぐルートは細くなった。

しかし、文科省とのルートが先細ることがただちに国立大学の人的能力を低めることにはならないだろう。むしろ優秀な人材を留めおけるようになったからである。問題は従来型の職員採用で、この難局を乗り切れる人材が揃うかどうかである。諸外国の有力大学をみわたせば、財務、法務、広報、ITといった分野の専門的能力をもった職員を雇用している。特に典型的なのが巨額の基金を運用するファンドマネージャーである。こうした専門的人材を雇用せず、文字どおり事務を行う「事務」職員ばかりを雇用してきたのが国立大学である。2016年に河野太郎《こうのたろう》自民党行革推進本部長が問題提起したように、世界的にみれば明らかにムダで非効率な事務仕事（「ブルシットジョブ」）をこなす職員ばかりでは、世界の大学を相手に競争することは到底できない。不正防止のために、海外の研究者に帰りの航空券の半券を郵送させる仕事など、世界のどこにあるのだろうか。

文科省も国立大学も、遅きに失したとはいえ、お互いに依存し合う関係をそろそろ解消して、国立大学の自立に向けた動きをしていく時期であろう。

本節では、年々国立大学を取り巻く環境が厳しさを増しているなかで、文科省がどう対応してきたかをみてきたが、現在の国立大学の姿は法人化が目標としてきたものとはいえない。その理由の一つは、中央政府のなかでの文科省の立場が弱いにもかかわらず、その文科省に国立大学が依存しているからである。国立大学は自分たちの行く末を、いつまで文科省に委ねるつもりだろうか。

文科省が国立大学に親離れさせるには、それなりの「支度金」と自由度が必要であるし、子である国立大学も文科省依存を改める姿勢が必要である。そこに気づかなかったことが、今に至るまで尾を引いている。

＊

本章は予算面に注目し、義務教育財政と国立大学財政が削減を余儀なくされた経緯をみてきた。教育委員会や国立大学にとっては、財政的に厳しくなればなるほど、文科省への依存度が高まる。これは文科省を介した「間接統治」を望む側に好都合である。

また、政治に振り回された高校無償化の制度化をきっかけにして、教育政策に関して義務教育、高校教育、高等教育の間に一本の筋が通ったことも確認した。高校無償化と同じ時期に、高校教育の成果を教育企業のテストで測定する「民間委託」や、高大接続の名のもとに大学入試にまで企業を参入させようとする動きが出はじめたのは決して偶然ではない。まず手始めに初等中等教育のうちの高校教育に、文科省を通じて政治や企業の意向が反映されはじめたのだ。

第4章　世界トップレベルの学力を維持するために

日本の初等中等教育、特に義務教育はこれまで世界的に高い評価を受けてきたが、近年は国際学力調査の順位が徐々に下がってきた。他方、教員の長時間労働と非効率性が明らかとなり、その背景にある労働時間管理の不在が白日の下に晒された。果ては学校という世界が傷害事件や人権侵害も、「指導」や「いじめ」という表現でオブラートに包まれて隠蔽《いんぺい》される特殊な世界だと知られるようになった。この章では初等中等教育の現状を通して、批判されがちな文科省の政策の背景を探る。

1　ゆとり教育から学力向上へ

日本の義務教育が長年世界トップレベルとされてきた背景には、歴史的に識字率が高く、経済成長を支える「読み・書き・そろばん」をしっかり身につけさせてきた国民性があった。文科省によって策定される、全国どこでも同じ教育内容を保証する「ナショナル・カリキュラム＝学習指導要領」がそれを具体化してきた。文科省はこのカリキュラムを中央政府のなかで一手に担い、制度上は他省庁による介入から免れている。文科省が予算を組むには財務省との協議が必要だし、文科省を改組するには総務省との協議が必要であるが、カリキュラムは他省庁に了解を得る必要がない。カリキュラムの策定のためには国会の議決も必要ないから、表向きは政治家の影響も受けないで済む。カリキュラムについては「制度官庁（制度の枠組みを決める官庁）」だという文科省職員の自負は強い。

ところが1990年代後半に導入した「ゆとり教育」が批判され、国際調査では上位から転げ落ちてしまい、文科省は厳しい状況に立たされた。文科省はそうした動向を受けて、どのような対応をとるようになったのだろうか。この節では「ゆとり教育」から学力向上へと大きく政策をシフトした背景を探っていく。

学習指導要領と学力低下

日本の教育水準の高さの原因をカリキュラムに求めるならば、一転して教育水準に疑問が投げかけられれば、当然カリキュラムやそれを担当する文科省に批判が集まることになる。21世紀の幕開けを控えた1999年頃から議論されるようになったのが「学力低下」である。1999年6月に京都大学の教員が『分数ができない大学生』を出版し、日本の教育に大きな疑問がもたれるようになった。

今から考えれば、そのような分数の演算はあくまで「慣れ」の問題であるから、単に忘れただけではないかとか、そもそもそうした者を入学させなければよいといった議論ができたはずだが、残念ながらそういう正論は表には出てこず、ここぞとばかりに教育関係者が多数参入し文科省たたきが始まった。

第1章第3節で述べたとおり、日本の初等中等教育のカリキュラムは文科省が策定する「学習指導要領」のなかで定められている。1998年に、21世紀の幕開けに合わせて新たな学習指導要領（「ゆとり教育」と呼ばれたもの）が文部大臣の名のもとに告示されたが、学力低下を憂う世論に押されて、文科省はその実施の直前、2002年1月に「学びのすすめ」を発表し「確かな学力」という表現を用いて弁明に努めた。

2002年4月、社会の心配をよそに新たな学習指導要領のもとで教育が始まったが、同年10月に教育学者たちの著書『調査報告「学力低下」の実態』が出版された頃からいっそう学力低下が危惧されるようになった。

こうした世論の流れを受け、文科省は2003年5月、中教審に学習指導要領の見直しを諮問《しもん》し、10月に答申を得て、12月には一部改訂された。学習指導要領は10年に一度改訂されるのが通例であり、実施翌年に見直しを図るのも異例であるし、答申がわずか半年で出されるのも異例であった。文科省としては即座に批判に対応したつもりだったが、世論はかえって文科省の定見のなさを嘆いた。

翌2004年12月、OECD-PISAの実施する国際学力調査「PISA2003」の結果が公表され、日本の順位低下がショックをもって受け止められた。その後、2007年4月には数十年ぶりに全国学力テストが「全国学力・学習状況調査」の名で復活し、ベネッセやNTTデータなどに外注されることになった。2007年12月には「PISA2006」の結果が公表され、さらに順位が下がったことが明らかとなった。そして2008年、授業時数の増加、系統性の回復を特徴とする、「ゆとり教育」を見直した新しい学習指導要領がつくられた。

「ゆとり教育」失敗の原因

「ゆとり教育」は固有名詞ではなく、カリキュラムの量や質をスリム化させること一般を指す。実際、1980年度から実施された学習指導要領も当時「ゆとり教育」といわれた。

そのなかで、1998年に改訂された学習指導要領の特徴は、2002年からの「完全学校週五日制」（なぜか週休二日制とはいわない）実施を見越した点だった。授業日が減る以上、授業内容を削減するのは当然であった。そこに「円周率を3として計算すればよい」といったいかにもマスコミが飛びつきそうな言説ばかりが注目され、「ゆとり教育」があたかも亡国の政策であるかのような喧噪《けんそう》状態となってしまった。

このように「ゆとり教育」は文科省の威信を著しく傷つけ、社会からの信頼を失わせたという意味で失敗だった。その原因はここまで何度も触れてきた文科省の悪癖である。

第1に、政策の意義を正確に説明しないことで世論の反感を買ってしまった。「ゆとり教育」を推進する背景には週休二日制の導入があったが、それを完全学校週五日制とわざわざ言い換えて、教員の休日増加批判を避けるような姿勢が徒《あだ》となった。さらに授業日数を減らすことが教育内容や量に与える影響については正面から議論しなかった。「週休二日制」という労働政策としての議論を避けたところに、文科省の腰の引け具合が見て取れる。

第2に、理念先行で「後方支援活動（ロジスティクス）」軽視だった。何よりも「ゆとり教育」の成否を握っていたのが教員の能力である。従来と異なる教育方法を必要としたにもかかわらず、文科省は教員の対応力に疑問をもたなかった。文科省は何かの政策を立てる際に資源制約を考えない悪い癖があり、ここでも教員の対応力に全幅の信頼を寄せてしまった。教員に能力の違いがあるのは明らかである。政策を実施する際にはそれを織り込み、ごく普通の教員がこなせる内容を考えるべきである。ところが文科省は教員すべてが優秀だという根拠のない前提を置きがちだ。

文科省は批判されやすいが、意外にも社会からの期待への対応ではまずまずの能力を発揮している。政治家、有識者、マスコミ、利益団体があれこれ文句を言うのを最大公約数に落とし込み、正解とはいえなくとも、少なくとも利害関係者が揃って納得できる「納得解」にもっていくスキルは見事なものである。こうした「調整能力」は法学部出身者の資質を想起させる。カリキュラムについては、まさに文科省の面目躍如であり、あらゆる教育活動を学校にやらせようとする「〇〇教育」的要望（和装教育、詩吟教育、毛筆教育……といった議員連盟は多い）を捌《さば》いている。

ところが、「政策の目的」設定となると途端に怪しくなってしまう。何を実現しようとするのかがあまりにも抽象的である。たとえば「生きる力」と言われても一般の人々にはピンとこない。さらに文科省ではなく地方自治体や学校が政策実施責任を負うため、文科省は

「政策実施手段」に無頓着《むとんちゃく》である。ときどき文科省の政策が「兵站《へいたん》無視の作戦」と揶揄されるが、資源制約を考慮せず前線の努力に丸投げするところはたしかに共通している。この背景には、第3章で述べたように、教員給与の3分の1を義務教育費国庫負担制度で文科省が負担しているため、教育委員会に対して実施上の無理をさせやすいことがある。

「ゆとり教育」を標榜《ひょうぼう》した2002年の学習指導要領は、小学校5367単位時間（45分授業）、中学校2940単位時間（50分授業）であった。これに対し、1992年実施の学習指導要領ではそれぞれ5785時間、3150時間、「ゆとり教育」を見直した2011年実施の学習指導要領では5645時間、3045時間だった。「ゆとり教育」は授業時数減を受けて「量より質」を目指したが、現場の教員がいきなり対応できるものではなかった。その結果、授業時数が減っても同じ内容を教えようとして無理が生じた。

2003年に「ゆとり教育」批判を受けて早くも学習指導要領が一部改正された際には「歯止め規定」が廃止され、「学習指導要領が最低基準である」ことが強調された。それまでは学習指導要領は最低基準であるとともに最高基準でもあり、全国どこでも同一の教育内容を学校に課していた。これを改めることで、発展的な内容を教えることが可能となったが、これには「ゆとり教育」批判をかわす目的もあった。こうして学校や自治体は創意工夫をせざるをえない状況に陥った一方で、総司令部としての文科省は学校と自治体に責任を転嫁し、

「ゆとり教育」批判から逃げ切ることができた。

PISAショック

PISAの順位を下げた2003年と2006年の結果を受けた国内世論のことを「PISAショック」といい、ドイツなど順位を下げた他国でも似たような反応があった。一方、1990年代後半からの学力低下論はPISAショックが原因ではなく、「ゆとり教育」に対する危惧から生まれたものである。実際、「PISA2000」では学力低下の証拠は見当たらなかった。

この時点では、学習指導要領改訂に合わせた反対キャンペーンの火の手があがったに過ぎなかったが、PISAショックによってその火は燃え広がってしまった。

PISAの上位国、特にフィンランドに日本から教育関係者が相次いで視察に訪れた「フィンランド詣《もう》で」はこの頃に行われた。フィンランドに学ぶ姿勢は結構だが、人口規模が小さく人口密度の低い国家と1億人を超える人口を擁する日本を単純に比較し、「北欧礼賛」の論調がまかり通ってしまった。本来、日本の条件に沿った議論が必要だったはずだが、文科省もそうした論調に振り回されてしまった。

PISAショックが起きた2003年調査と2006年調査やその前後の順位はどうだっ

たか。「数学」は１位（２０００年）、６位（２００３年）、10位（２００６年）、９位（２００９年）と低下傾向を示した。「読解力」は８位、14位、15位、８位とやはり上位に届かない。「科学的リテラシー」は２位、１位、５位、５位と比較的上位で踏みとどまっていた。最新の２０１８年調査の順位は数学６位、読解力15位、科学的リテラシー５位となり、もはや決して上位国と誇れる位置ではない。

「ゆとり教育」の顚末《てんまつ》を振り返ると、文科省がいかに後追いで事後的対応に追われたかがわかる。まず「ゆとり教育」批判や学力低下批判を受けつつも、「ゆとり教育」の看板は下ろさないまま、新たに「確かな学力」という概念をもちだした。

次に、ＰＩＳＡの順位低下を受け学力向上政策が加速した。第一次安倍政権が設置した教育再生会議でも、政治主導で教育改革が謳われた。１９６４年を最後に廃止された全国悉皆《しっかい》（対象学年の児童生徒全員）の学力テストが40年ぶりに復活したのは、先に述べたとおり「ゆとり教育」批判からかなり時期が経過した２００７年のことであった。このように文科省の政策づくりは外からのショックを引き金に始まりやすい。外圧に弱い文科省のあり方について詳しくみていこう。

全国学力・学習状況調査という「幸運」

実は文科省が2007年に全国悉皆調査を復活させるのに先立って、多くの県は独自に学力調査を始めていた。たとえば2004年度時点で39都道府県が何らかの学力調査を独自に行っており、文科省は都道府県の動向に後れをとった。

国で全国調査が議論されるようになったのは、中教審ではなく官邸に設置された経済財政諮問会議の場だった。「骨太の方針2005」での義務教育費国庫負担制度をめぐる論争において、文科省は「義務教育教員の給与を文科省が負担することで、地域間の教育格差を解消している」という論理を打ち出した。その主張に対して教育格差、すなわち学力の差が解消しているかどうか証拠を示すように諮問会議側から要求されたことで、文科省が学力に関するデータを持ち合わせていないことが露呈した。

こうした外圧を受け、2004年11月に中山成彬《なりあき》文科大臣が全国調査を実施する意向を表明した。2005年6月の「骨太の方針2005」には学力調査実施が明記されたが、前年の中山発言以降、教育政策を議論する場である中教審ではこの問題について議論された形跡がない。その後、2005年8月の中教審教育課程部会（22日）、そして「三位一体の改革」を議論していた義務教育特別部会（24日）において、学力調査を悉皆で行うべきであるという発言がにわかになされた。これを受けて25日には記者会見で事務次官が、地方自治体には

「強制ができない」と戸惑いをにじませながら表明した。

この次官の会見に象徴されるように、文科省は過去の学力テストの失敗体験のトラウマに縛られていた。1960年代に実施された全国学力テストでは、成績の悪い子どもを欠席させたり教員が回答を教えたりといった不正が各地で続発した。さらに都道府県別順位をめぐって愛媛県と香川県が醜い争いを展開し、全国一位を獲得した際に銅像が建てられたり紅白まんじゅうが配布されたりと、冗談のようなことが起きた。次官会見はそうした背景から理解できるが、次官会見の翌日、今度は中山文科大臣が記者会見で学力調査について踏み込んだ発言を行った。

10月には、学力調査の実施を前提とした文科省の改組構想も明らかとなった。初等中等教育局にイギリスをモデルとした「教育水準部」を新設し、教育水準向上課、教育課程課、教科書課を配置する構想で、教育水準向上課には学力調査室が置かれることになっていた。この部の新設構想は実現しなかったものの、文科省の所轄研究所である国立教育政策研究所には学力調査課が置かれた。なお、2008年から文科省は虎ノ門の新庁舎に移転したが、初中局フロアには「幻の教育水準部長室」が残されている。

11月には、文科省内に全国学力調査に関する有識者会議が設置された。全国対象の悉皆調査という方向で審議は急ピッチで進み、翌2006年3月には中間まとめ、4月には最終報告と、かなりのスピードでとりまとめられた。こうした検討を経て2007年4月から「全国学力・学習状況調査」が始まった。なお、悉皆調査は1961年から1964年に中学2、3年生の5教科を対象に行って以来だった。

ここまでの流れをみると、文科省は全国学力テストの復活という「幸運」に恵まれたようにみえる。文科省の姿勢は推進派、慎重派いずれに対してもつかず離れずのスタンスだった。愛知県犬山市が参加を見送ったため、厳密な意味で悉皆は実現しなかったが、ほとんどの地方自治体が参加したことで文科省はメンツを保った。

調査結果の扱いについても、文科省は都道府県データの公開にとどめた。しかも、報道発表の際は各都道府県の順位は示さず、点数だけを示した。新聞で示される順位表は新聞社が作成したものである。その後、2008年に橋下徹《はしもととおる》大阪府知事が府内の一部市町村のテストスコアを開示し、教育関係者から競争を煽ると批判を集めたが、文科省に直接火の粉は飛んでこなかった。

学力低下論争の頃から、教育学者や教育に関心を寄せる経済学者たちがエビデンス（政策の必要性や成果を示す根拠となるデータ）を求めるようになっていたが、全国学力・学習状況調査はこうした声に一応は応えるものになった。ただし調査の導入過程を振り返ると、文科省の後追いとつかず離れずのスタンスは文科省自身への批判を回避することに役立ったが、

「自分事」として調査設計しなかったため、自ら調査結果を分析しようとする姿勢に欠けていた。

その後、ポスト小泉政権として2006年9月26日に発足した第一次安倍政権は、直後の10月10日「教育再生会議」を設置した。ゆとり教育の見直し、基礎基本の徹底を特徴とする議論が展開していった。

この会議では「ゆとり教育」の見直しが最優先課題となった。会議の事務局の中枢は文科省からの出向者によって固められており、後の第二次安倍政権以降とは異なり文科省にとって有利な情勢だった。当時、文科省は「学力低下」の元凶だと批判されていたが、混乱の原因だった「ゆとり教育」の見直しにお墨付きを得ただけでなく、全国学力・学習状況調査の継続実施という対価を得た。

なぜその場しのぎになるか

カリキュラムを切り口として文科省の初等中等教育行政をみると、文科省が本格的な政策論争を避け、その場しのぎを繰り返しているように映る。せっかく長年準備した「ゆとり教育」を導入しながら、批判に押されて事実上の方向転換を行ったり、外部の動きに引っ張られて全国学力・学習状況調査を導入したりする。こうした文科省のふらつきは批判されることが多いが、その背景を2点指摘しておきたい。

第1に、戦略性や網羅性がないデータ分析しか行っていない。虎ノ門の庁舎に国立教育政策研究所を同居させているのに、それを活かしきれていない。せっかく全国学力・学習状況調査を実施するのだから、児童生徒の家庭環境データと合わせた分析を行えば、子どもの貧困問題の解決策もみえてくるはずである。実際、イギリスではそうしたデータ整備が進められている。文科省は教育の世界に閉じこもらず、たとえば厚労省と協力することはできないのだろうか。

第2に、他省庁から挑戦を仕掛けられやすく「自衛戦」「撤退戦」に陥りがちで、人員などの省内資源がそこに集中してしまう。なまじ巨額の予算を抱えているため削減圧力に晒される。財務省が文科省に対して教職員定数の削減を要求するのは半ば年中行事であるが、そうした圧力に抵抗しなければならないから、文科省は新規政策を打ち出す余力がなくなってしまう。文科省は霞が関でも最小規模だから、こうした他省庁からの攻撃に対しては人的資源の面で脆弱であり、結果的に長期的展望を描けなくなっている。

文科省はカリキュラムづくりを一手に引き受けてきた。従来は教育界の内輪で決めていればよかったが、「ゆとり教育」批判で社会から厳しくみられるようになった。いったん守勢に回った文科省は、学力に関する外部からの批判に対抗する形で常に後手後手の対応をせざるをえなくなった。

2　教員の多忙化――過労死ライン6割超の衝撃

2016年の文科省調査によって、全国の多くの小中学校教員の残業時間が「過労死ライン」を超える実態が明らかになり、「学校の働き方改革」が待ったなしの政策課題となった。小中学校教員の労働時間に直接の責任をもつのは市町村教育委員会であるが、給与負担者である都道府県教育委員会も責任を共有する。文科省もまた教員の労働条件や給与制度を所管するから、もちろん無関係ではない。このように公立小中学校教員の場合、企業と異なり雇用主・給与負担者と労働者の関係は複雑であるが、だからといって現状を放置できない。教員が疲弊する現状に文科省は何をすべきなのか。それを解きほぐしていくのがこの節である。

国際調査という「黒船」

各国の教員業務を調査するのがOECDの国際教員指導環境調査（TALIS、タリス）であり、第1回調査が2008年に行われた。日本でこの調査が注目されるようになったのは、2013年調査の結果が公表された2014年6月のことであった。

特に次の3点が驚きをもって受け止められた。第1に、教員の一週間あたりの労働時間が世界最長だった（日本53・9時間、参加国平均38・3時間）。第2に、一般的事務業務に使った時間が参加国平均を2倍近く上回った（日本5・5時間、参加国平均2・9時間）。そして、第3に、課外活動の指導に使った時間が参加国平均の3倍を大きく超えた（日本7・7時間、参加国平均2・1時間）。日本の教員は、世界のどこの国よりも長く働いており、本務である教育活動以外に多くの時間を割いていることがわかった。

こうしたことは経験的に多くの教育関係者が知ることだったが、国際調査の「お墨付き」を得たことで、マスコミでも大きく取り上げられた。これはPISAの学力調査でも同じだが、政府だけでなく日本社会がいかに「黒船」の外圧に敏感かを示している。

ともかくこの調査結果のインパクトは大きく、早くも翌7月には当時の下村文科大臣が中教審に諮問し、学校業務をいかに教員以外で分業させるかを検討することになった。11月には第1回作業部会が開かれ、約1年間の審議を経て2015年12月に答申がまとまった（筆者は専門委員として参画した）。

この答申の大きな目玉は、中学校教員に大きな負担をかけてきた部活動指導を担う「部活動指導員」の新設だった。これまで部活動は教員が指導することとされ、土日休日の対外試合の引率も教員でないと参加が認められないといった制約があったが、部活動指導員はそうした責任を担う。

このほかにも、スクールカウンセラー、スクールソーシャルワーカー、医療的ケアを行う看護師、特別支援教育支援員、ＩＣＴ支援員、学校司書、外国語指導助手（Assistant Language Teacher：ＡＬＴ）などの充実が提言され、「チームとしての学校」が一体的に教育に取り組む姿が提示された。

実は官邸に置かれた教育再生実行会議や、自民党の教育再生実行本部の議論では、地域住民や保護者のボランティア活動に大きな期待を寄せていた。しかし、これらの議論では「チーム」という心地よい言葉が用いられているが、なんとなく学校、地域、家庭が一丸となっていく姿を示しているものの、業務の責任の所在、服務監督や業務の対価についての議論が曖昧だった。

官邸や自民党は「チーム学校」を使い、文科省や中教審では「チームとしての学校」を使った。結局答申では校長が責任をもてる教職員だけを「チーム」の構成員とした。地域住民や保護者も含んだ「チーム学校」の使用を避けたという意味では、文科省と中教審はささやかながら主体性を発揮したといえる。

10年ぶりの教員勤務実態調査

文科省は公立小中学校の教員給与を負担する義務教育費国庫負担制度を抱えているから、給与制度と同時に勤務時間管理にも責任をもつ。ところが、文科省は勤務時間の管理責任を長らく放棄し、教員の勤務時間データすら集めてこなかった。

2006年に実施された「教員勤務実態調査」は実に40年ぶりのものだった。その後、2016年にTALIS調査と「チームとしての学校」答申を受けて、10年ぶりに調査が行われた(2006年調査、2016年調査のいずれにも筆者は中心的に関わった)。それぞれの期間を「失われた40年」「失われた10年」といっていい。

2016年の調査は10月と11月に行われ、2017年4月には速報値が公表された。TALIS同様、教員の長時間勤務があらためて確認された。新聞には小学校教員の3割、中学校教員の6割がいわゆる「過労死ライン(月80時間の時間外勤務)」を超えたと衝撃的な見出しが躍った。4月28日の松野博一《ひろかず》文科大臣の記者会見では「看過できないたいへん深刻な事態」と延べ、1年後の『文部科学白書』でもこれを「看過できない深刻な状況」として振り返るほど、文科省の危機感は強かった。後日行われた学術的な分析によれば、長時間労働によって睡眠上の問題を抱える教員が多いことが明らかになるなど、長時間勤務が教員の心身の問題を引き起こしかねないことが危惧された。2006年の調査と比較しても、土日の部活動に費やす時間が倍増するなど増加傾向が明らかとなった。

２０１７年６月には中教審に学校の働き方改革を検討するよう諮問があり、初等中等教育分科会に「学校における働き方改革特別部会」が設置された。

月平均１回を超えるペースで、しかも通常２時間の審議時間を３時間にする回もあるほど、熱心な議論が続けられた。２０１９年１月に答申が出され、文科省にこれまでのスタンスを改め、積極的に公立学校教員の勤務時間管理に乗り出すことを求めた。

審議の過程で、教員の業務を明確化するために示された三つの業務分類が注目された。①「基本的には学校以外が担うべき業務」、②「学校の業務だが、必ずしも教師が担う必要のない業務」、③「教師の業務だが、負担軽減が可能な業務」である。なお、筆者は特別部会専門委員として審議に参加し、そもそも不要な業務をあぶり出してはどうかと提言したが、特別部会としてはそこまで踏み込まなかった。

さらに、勤務時間について「上限ガイドライン（時間外勤務を月45時間、年３６０時間を超えないようにするなど）」を設け、その実効性を高めることも求められた。

文科省はその後も学校の働き方改革の制度づくりを続け、上限ガイドラインを法令に根拠をもつ「指針」に格上げした（文科大臣の「告示」。これは学習指導要領と同じ）。さらに、休日のまとめどりを促進するため、「一年間の変形労働時間制」の導入を各地方自治体の判断で可能とする法改正も行った。

これらの改革は1971年に制定された「給特法」を改正するものである。「給特法」はすべての公立小中学校の教員（校長、副校長、教頭を除く）に月給の4％にあたる「教職調整額」を支給するかわりに時間外勤務手当を支給しないことを定めた法律である。これまで大きな改正が行われなかった「給特法」に手をつけたことからも文科省の本気度がわかる。

他人事の構造

全国に約3万校（小学校2万校、中学校1万校）の公立小中学校があり、そこに約67万人の教員が働いている。教員の雇用主は法令上、市町村教育委員会であるから、勤務時間の管理責任も市町村教育委員会にある。義務教育を行う学校を市町村が設置する発想の背景には、住民に最も身近な地方自治体が設置することで、住民や地域のニーズに沿った運営ができるという理念がある。これを「設置者負担主義」といい、学校施設の建設費や学校の運営費（コピー用紙代や教材代など）は市町村が負担する。ただし、第3章第1節でみたとおり、教員の給与は例外で、都道府県が負担する（「県費負担教職員制度」）。

市町村立学校教員の給与を都道府県が負担する考え方の背景は、財政力に大きな格差のある市町村では、その負担に耐えられない自治体が出るという判断がある。実際、戦前のある時期までは市町村が教員給与を支払っていたため、市町村長は教員集めに苦労したという。もう一つ、市町村が教員の雇用に完全な責任をもってしまうと、優秀な教員を富裕な自治体が抱え込んでしまうおそれがある。これを避けるため、都道府県内を教員の異動範囲とする「広域人事」が採用され、各自治体、各学校の教員の能力差に偏りが出ないようになっている。

もちろん、都道府県にも財政力格差はあるから、第3章でみた義務教育費国庫負担制度が用意されている。その意味で、都道府県教育委員会も公立小中学校教員の勤務時間管理の責任を有しているはずであり、この考えを拡張すれば、負担制度を所管する文科省もまた責任を分有していることがわかるだろう。

ところが、これまでは複雑な構造を理由に、市町村も都道府県も文科省も、教員の長時間勤務に真剣に取り組んでこなかった。40年間もデータを集めてこなかったのはそうした「他人事《ひとごと》」の姿勢の象徴である。こうした姿勢だから教員の勤務時間管理は相当杜撰《ずさん》で、各学校におけるタイムレコーダーの配備状況もお粗末だった。学校の働き方改革が政策課題となってからようやく、学校にもタイムレコーダーが普及していった。21世紀になったというのにたいへんお寒い状態の職場が全国に存在していたのである。

もっとも、この背景には、教職員組合の責任もある。教育行政機関と教職員組合は、労働条件のなかでも勤務時間については正面きっての議論を避けてきた。

筆者は2006年の教員勤務実態調査に企画段階から携わった。その準備のために各都道府県教育委員会に照会をかけ、勤務時間調査を収集したが、驚くことに、少なくない都道府県から匿名でお願いしたいと強く要請された。もしこの結果が都道府県名つきで世間に知られたら、教職員組合から猛烈な突き上げを食らってしまうからと言われた。このように、教員の長時間勤務は「公然の秘密」であっても、それをわざわざ数字で示すことを避けてきたのが日本の教育界だった。なぜこのような状況に陥ったのか。

教員の残業代をめぐる誤解

教員に「残業代」が出ないという誤解が流布されている。現行制度では前出の「給特法」によって月給の4％分の「教職調整額」がすべての教員に出されているし、ボーナスと退職金の算定でも「教職調整額」が上乗せされた給与額が考慮されるから実質6％程度の効果があるといわれる。このことを知る国民がどれほどいるだろうか。財務省はしつこいくらいに国債残高を根拠に財政危機を叫ぶが、文科省は自らの政策を理解してもらうための努力を怠ってきた。

また、「教職調整額」はすべての教員に一律に支給されていることに注意しなければならない。一般公務員の残業代は命令を受けて残業しなければ認められないし、そもそも予算の範囲内で出されるから、残業すればするほど「儲《もう》かる」わけでもない。予算が切れれば「サービス残業」となってしまう。学校の働き方改革の議論でも、給特法を廃止して残業手当を支給するようになれば、学校も勤務の効率化が図られるという議論があった。この考え自体には一理あるが、教員自身が残業手当の導入によって手取額が増えると思っていたとすれば、それは大きな間違いである。

給特法が議論された１９７１年の国会審議を振り返ると、給特法が勤務時間と教員給与の二つの課題を一気に解決しようとしたものだとわかる。給特法制定に至るまでの数年間、教員の勤務時間問題が取り上げられ、その対応に政府は手こずっていた。全国で教員の長時間勤務の対価を求める訴訟が続発し、教員側が勝訴する例もみられるようになったため、制度改革が急がれた。特に教員の給与改革が議論されるようになり、中央省庁で公務員の給与と勤務時間について担当する人事院が乗り出してからは、スムーズに調整が進んだ。

こうして給特法ができあがったが、国会論戦において文部省は「給特法ができてからも責任をもって地方自治体の勤務時間管理を指導する」と答弁したのが興味深い。もともと公務員の勤務時間と給与は表裏一体の性質があるものの、勤務時間管理は所管する省庁の責任であり、人事院はあまり関わってこなかった。給特法は両方をあわせもつ法律だったため、調整能力に優れた人事院が関わることができた。

給特法成立後、文部省が勤務時間管理の責任を負うことになったものの、結局のところそれが放棄され40年近くが経過した。もともと戦前から公務員の世界では勤務時間概念が希薄で、「天皇の官吏」である以上は忠実無定量の勤務義務があるとされてきた。戦後になっても人々の意識にそれが引き継がれ、教員に至っては、生徒のためなら寝食を忘れて職務に当たるべきという「教師聖職論」が結びついた。つまり、教員には残業という発想がなじまないという認識が存在し、給特法が議論された時期にも文部省内、文教族のなかにこうした考えに立つ人々がいた。

目覚めた文科省

給特法が勤務時間と給与それぞれの問題を解決しようとするのであれば、教員の給与水準についても議論しなければならない。２０１７年からの学校の働き方改革にあたって文科省が立てた戦略は、まず教員の勤務時間管理を徹底するとともに教員勤務の効率化を図るもので、財務省との関係からも合理的な手順だった。なぜなら、教員の勤務時間が長時間だからといって、単純に教員の増員や給与の引き上げを求めても世論が味方しないからである。不要不急の業務を漫然とやっているのではないかと批判されたらひとたまりもない。

一般に、学校は引き継ぎが行われず、教員個々人が個人商店のように仕事をし、教材の共有すら行われないムダの多い職場といわれる。また、教員の業務ではないが、PTAもわざわざ学校に集まらないと何も進まないような前近代的運営だと批判される。学校で行われる業務や活動には多くの改善の余地がある。

文科省は財務省と予算折衝する立場であるから、まず勤務時間にメスを入れることにしたが、次に狙うのが教員給与である。徹底的な勤務時間の効率化と業務削減が行われてもなお、教員が多くの仕事をしているならば、そのとき初めて教員給与の引き上げを求める戦略を採用した。それが功を奏し、学校の働き方改革が進むなか、2018年から3年連続で小学校の英語担当教員の増員が行われた。

遅ればせながらであっても、文科省が目覚めたことは注目に値する。ここではいくつかの兆しを紹介したい。

第1に、ロジスティクスの観点からカリキュラムを考えるようになりつつある。これまで文科省は高い理想を掲げた学習指導要領を策定してきたものの、その実行にあたっては教育委員会と学校に全責任を押しつけてきた。そのため、こなしきれない学習内容をなんとかこなそうと学校は無理に無理を重ねてきた。文科省は「時間」という資源に制約があると、ようやく気づいたようである。たとえば、災害や流行性疾患による学級閉鎖が原因で、学習指導要領の標準授業時数を下回ってしまっても法令違反とならないことが、事務次官通知で明記された。これは、教員の配置や給与を担当する初中局の財務課とカリキュラムを担当する教育課程課が初めて手を携えるようになった証拠である。

第2に、覚悟をもって市町村との関係を再構築しようとしている。学校の働き方改革答申にもあるとおり、各市町村を調査し学校の働き方改革の取り組み状況を一覧表にしている。さらに、優れた取り組みをする自治体に対して手厚い支援を行ったり、部活動指導員の配置補助の条件に部活動の休養日設定を必須としたりするなど、「アメ」と「ムチ」を使い分けようとしている。

抵抗を乗り越えられるか

かつて校舎などの学校施設の耐震性能が問題となった際、文科省は市町村別の耐震化率を公表し市町村格差を明らかにしたが、結果的に各地で耐震化が進んだ。今回も文科省は批判を覚悟で市町村別調査を公表するようになった。

第3に、学校の働き方改革を定期的にモニタリングするため、教員の勤務時間を3年に1度程度調査する方針を打ち出した。40年ぶりの調査の後、再び10年も放置していた頃の文科省とは一線を画したようである。

学校の働き方改革をめぐって、今後も文科省の覚悟のほどが試されていく。学校は気を抜くとすぐに教員に仕事を押しつける悪癖がある。2020年のコロナ禍の学校では、学校再開後のトイレ掃除や教室の消毒を教員に行わせる例が報道された。教員の仕事が何かがまったく理解できない教育委員会や学校がいまだに多数存在しているのだろう。また、せっかく導入したタイムレコーダーの記録を改竄《かいざん》する事案も報道されるようになった。文科省にはこうした旧態依然とした教育界にどこまで切り込めるかが問われている。

財務省との関係でも、これまでのような屈従的な態度ではなく、正々堂々、さらには「寝技」を絡めて対峙《たいじ》できるだろうか。必要な仕事に最低限必要な人員を躊躇なく要求できるかが問われている。

関係団体とも是々非々で新しい学校の姿を共有できるだろうか。PTAや地域住民の活動の基本は無償労働である。金は出さずに時間を差し出すスタイルが長年続いてきた。しかし、これは専業主婦が地域の学校を支えてきた伝統であり、共働き時代には似つかわしくないのではないか。これまでと異なる学校と保護者・地域の関係を見据え、保護者や地域から「時間」ではなく「お金」を集める「ファンド・レイジング」文化を根付かせるような動きを、文科省から起こすことはできないだろうか。

学校の働き方改革で業務削減に最も抵抗があるのは部活動である。文科省はこれまで各種競技団体やその元締めである「中体連（公益財団法人日本中学校体育連盟）」「高体連（公益財団法人全国高等学校体育連盟）」に対して強い姿勢をとってこなかった。しかし、そもそも公務員である教員が、こうした団体の主催する大会にワークライフバランス（仕事と生活の調和）を犠牲にしてまで従事することに、疑問が挟まれてこなかったことが不思議である（部活動顧問が休日に家を空けるためその配偶者を「部活未亡人」と呼ぶことすらある）。これらの団体の協力を得て、部活動休養日や活動時間の制限など部活動の大幅な見直しを行うのは文科省の使命である。

教職員組合との関係もまた是々非々で再構築する必要がある。これまで勤務時間管理については、教員の自発的な勤務という概念に安住して、文科省も、教育委員会・学校管理職も、そして教職員組合も積極的に関わろうとしてこなかった。その不作為の結果が現在のように多くの教員が過労死ラインを上回る悲惨な状況を招いている。教職員組合の協力も得て、関係者が学校の働き方改革に取り組めるようにするのは文科省の役割である。

本気度が試される

文科省は公立学校教員の勤務時間管理に責任をもつものの、長くその責任を果たしてこなかった。２００６年に40年ぶりに実施された教員勤務実態調査が教員の長時間勤務を明らかにしたが、いつの間にか忘れられてしまった。その後、10年もの時間をおいて行われた２０１６年の教員勤務実態調査によって、ようやく二つの時点の教員の勤務時間を比較することが可能となり、その増加傾向が明らかとなった。

２０１４年の国際調査結果で日本の教員の長時間労働が世界のなかでも深刻であることが明らかになってから、文科省はいよいよ本格的にこの問題にメスを入れざるをえなくなった。ここまで追い込まれた文科省は法改正などできるかぎりのことを行ったようにみえ、特に教育委員会や学校に対してはかなり強い姿勢で改革を促している。今後、文科省は保護者、地域住民、関係団体との新たな協力関係の構築を進めるべきである。

これまで何かと「教育のため、子どものため」という美名のもとで教員の仕事を増やしてきた社会の圧力をはねのけて、文科省が教員の業務をどう仕分けできるか。関係者の要望に唯々諾々と従うのではなく、教員の仕事を本当に必要な教育活動に思い切って絞り込む姿勢が重要だ。それができて初めて財務省、政治家からの協力を得て、教員の増員や教員給与の増額が実現できるだろう。教員の働き方改革においても文科省の本気度が試されている。

3　教育委員会は諸悪の根源か？

財務省（国税庁）には税務署、厚労省にはハローワークという出先機関があり、そこに国家公務員が働く。国家公務員の多くは霞が関の本省庁舎ではなく、全国の出先機関に勤務する。文科省に出先機関がないのは初等中等教育を自治体に委ねる仕組みだからだが、文科省には教育サービスの水準に格差が生じないようにする責任もあるため、自治体をコントロールしつつ均一なサービス提供を試みてきた。

この仕組みを体現してきたのが教育委員会制度である。この制度は教育行政の同質性、閉鎖性を生み出し、ひいては不祥事の隠蔽、身内びいきといった負の側面が批判されてきた。それではなぜ文科省はこの教育委員会制度を温存してきたのだろうか。

教育委員会の二面性

教育委員会は首長の言うことを意に介さず、不祥事すら隠蔽する「身内びいき」の組織だと批判される。実際、子どもが「いじめ」という名の犯罪の被害者となり自ら命を絶つ悲劇が繰り返されているが、そうしたケースで教育委員会はしばしば事実を隠蔽しようとし、首長がいら立つ場面が報道される。

他方で、2020年のコロナ禍での休校判断について、首長が単独の記者会見で表明するケースが目立った。これをみるかぎり、首長は教育委員会からしめ出されているとはいえず、教育委員会も首長を意に介さないとまではいえないようだ。

つまり、いじめなど内部の犯罪行為や問題行為といった不祥事は、日常的な管理主体である教育委員会が隠蔽することで首長の介入を遅らせたり阻むことができるのだろう。首長に情報を出さないことで、教育委員会は首長に対して優位な立場を保つのである。これに対してコロナ禍のように周知の事柄については、世論を味方につけた首長が教育委員会に対して介入しやすいのだろう。

仕組みと歴史

最近、教育委員会制度にメスが入れられたのは2015年だが、それまで基本的な仕組みは1956年以来60年近く変わらなかった。教育委員会は審議会のような有識者会議とは異なり、首長と同格の「合議制の執行機関＝行政委員会」である。教育委員会はすべての都道府県と市町村に設置される（「必置規制」）。

「執行機関」は自らの判断と責任で、自治体の仕事を実行することができる点で、「議決機関」である議会とは異なる。首長だけが執行機関であってもよいはずだが、専門性や中立性を重視する分野では行政委員会が置かれ、首長の独断を抑制する。たとえば、選挙管理委員会、職員の人事を扱う人事委員会・公平委員会、そして教育委員会である（「執行機関多元主義」）。行政委員会には、首長のように単一の主体を置く「独任制」と異なり、多様な意見をふまえた穏当な判断を行うことが期待されている。

首長と教育委員会の関係でいえば、首長が教育長1名と教育委員4名を自ら任命する際、議会同意が必要である（「チェック・アンド・バランス」）。教育長は教育委員会のトップであり、任期は3年である。首長の任期が4年だから、首長は任期中に必ず自ら教育長を任命できる。教育委員の任期は4年で、原則としてそれぞれの任期が1年ずれている。これは一気に教育委員の顔ぶれが変わることのないようにするためであり、首長に教育委員会を意のままに操らせない仕組みといえる。

教育委員会の歴史はいくつかの時期に分かれる。もともとは第二次世界大戦後の占領改革中に導入されたものであり、教育委員を住民が直接選挙で選ぶ「公選制」だった。これはアメリカの仕組みを移植しようとしたもので、1948年から1956年まで続いたが、低投票率に悩み、ごく短い期間で公選制は廃止された。

これにかわって導入されたのが首長が教育委員を任命する「任命制」であり、1956年に「地方教育行政の組織及び運営に関する法律」が成立した。この法律は教育業界では「地《ち》教《きょう》行法《ぎょうほう》」と呼ばれ、2020年時点でもこの法律が教育委員会制度を形作っている。地教行法は文科省の所管する法律のなかでも特に重要なものの一つである。

出発当時の任命制は、まず首長が教育委員を任命し、5名の教育委員が教育委員会を構成し、その教育委員会が教育長を任命するという仕組みだった。いわば教育長の「間接任命制」が採用されており、この背景には、教育長と教育委員両方を首長が直接任命すると首長の影響力が強くなりすぎるという危惧があった。

さらに興味深いのは、2000年の地方分権改革まで44年間もの間、「教育長任命承認制」といわれる集権的な仕組みが設けられていたことである。これは都道府県教育長の任命には文部大臣の、市町村教育長の任命には都道府県教育委員会の承認をそれぞれ必要とするものだった。建前上は、首長は教育長の任命には関与できず、そのかわりに文部省や都道府県教育委員会が地方自治体の意思決定に介入することが制度化されていた。

ちなみにかつて旧自治省から都道府県教育長に出向するケースがあったが、そういう場合も文部省の面接を受けていたそうである。これが旧自治省にとってはなんとも嫌なものだったらしい。

教育委員会制度に詳しい荻原《おぎわら》克男《よしお》や大畠《おおはた》菜穂子《なおこ》によると、旧文部省は1950年代を通じて、教育委員よりも教育長を事実上優越させるとともに、首長の影響力を牽制することで、教育委員会全体をコントロール下に置こうとしてきた。教育長の多くは教員経験者であり、文部省（当時）にとっては御しやすい相手だったからである。

これが改められたのが2000年の地方分権改革であり、文字どおり地方自治体の意思決定権が回復されたが、その際も首長は教育長を直接任命できず、それが可能となるのは2015年からだった。

2015年以降、権限強化された教育長を首長が直接任命するようになったが、以下にみるように市町村では7割以上の教育長に教職経験があり、都道府県でも7割以上の教育長に教育行政経験（教育委員会事務局勤務）がある。そのため文科省のコントロールから外れるような教育長はほとんどいないといえるだろう。

教育長と教育委員の経歴

教育委員会という語は、「狭義」には教育委員会会議、「広義」にはこれと事務局をあわせたものを指す。住民、保護者は、教育委員会事務局を教育委員会と考えがちだが、正確ではない。

文科省の調査によると、教育委員会会議が開催されるのは、都道府県では月に2、3回、各1・5時間ほどであり、市町村では月に1回、1・4時間ほどである。傍聴者については7割近くの市町村で年間を通じてゼロで、住民が関心を寄せる存在ではない。

教育長はどのような人がなるのだろうか。市町村でみると、平均年齢64・1歳、女性比率5・0%、給与月額59万6696円である。また教職経験74・6%、教育行政経験82・0%、一般行政経験（首長部局勤務）27・9%である。一方、都道府県については、平均年齢61・0歳、女性比率8・5%、給与月額81万5893円である。また教職経験21・3%、教育行政経験72・3%、一般行政経験78・7%である。

都道府県、市町村どちらも60歳定年を迎えた人材を多く教育長に登用しているようである。給与面でみると、地方自治体のなかの首長、副知事・副市町村長に次ぐ位置づけで、これらを「三役」というように、教育長は地方自治体の教育分野だけでなく自治体組織全体のなかでの位置づけが重い。

市町村では退職校長が登用される傾向が強いのに対して、都道府県では行政経験者が登用される傾向が強い。両者の教育行政経験は比率こそあまり変わらないが、その中身は異なる。市町村では教員のエリートコースとして教育委員会事務局経験が重視され、そういう人材は教育委員会事務局と学校管理職のポストを往復し、さらに「伝統校」の校長経験者が退職後教育長に登用される傾向がある。これに対して都道府県の教育行政経験は、行政職員が人事異動の一環で知事部局から教育委員会事務局へ数年程度出向したものである。都道府県の行政規模は大きく、行政職員のマネジメント能力や行政手腕が重宝される傾向がある。

教育委員は非常勤職であり、主な仕事は月に1～3回の教育委員会会議への出席や、学校訪問である。市町村では平均年齢59・1歳、女性比率40・7％である。職業は専門的・技術的（医師、弁護士、大学教員等）25・5％、管理的（経営者等）19・1％、無職31・6％で、教職経験者は28・6％である。報酬は月5万円程度が多い。一方、都道府県では平均年齢59・2歳、女性比率43・2％である。職業は専門的・技術的39・3％、管理的44・4％、無職12・4％で、教職経験者は18・8％である。報酬は月20万円程度が多い。教育委員の定員が4人で教職経験者が約2、3割いることから、市町村、都道府県教育委員会ともにおよそ1人は教職経験者の指定席である。市町村の教育長の4人に3人が教職経験者だから、5人の教育委員会会議に教職経験者が2人いるところも珍しくはない。

事務局と「教員の論理」

さて、教育委員会事務局には学校のカリキュラムづくりや教育活動をサポートする「指導主事」ポストが置かれるが、例外なく教員出身者が配置される。これにくわえて教員人事を担当する管理主事、課長、部長、教育次長といった幹部職員にも教員出身者がいる。文科省の調査データを分析すると、都道府県では全事務局職員の43・0％が教員出身者で占められている。政令市だとその比率は27・4％、市町村だと16・6％に下がる。都道府県教育委員会は教員出身者が半数近く在籍する点で政令市や市町村とは質的に異なる構成であり、その実態は「教員王国」とまではいえないが、「教員の論理」がまかり通る世界である。

指導主事になるには多くの都道府県で管理職試験に合格する必要があり、その管理職試験の受験に所属校長の推薦が必要となる場合がある。要するに人材登用が都道府県教育委員会本庁ではなく、末端の学校に委ねられているわけで、「本社人事部」が機能していない。これが悪い方向へいくと、校長による教員の「子飼い化」を招く。こうして教育委員会事務局への人材登用も「教員の論理」によって進んでいく。第1章第3節で述べた、文科省のなかで学習指導要領に携わる教科調査官の多くが指導主事経験者であり、「教員の論理」は文科省と教育委員会をもつなげている。

多くの都道府県教育委員会には出先機関として「教育事務所」が置かれている。ただ教育事務所が置かれない県もあり、たとえば滋賀県は真ん中に琵琶湖があるせいか長年教育事務所は置かれていない。また、交通機関の発達や市町村合併もあり、教育事務所の統廃合も進んでいる。そして、教育事務所の担当範囲は県費負担教職員（市町村立小中学校教員）の人事異動の範囲とおおむね重なる。市町村教育委員会のなかには規模が小さく、所管する学校数も少ないため行政能力に乏しいところも多い。そこで都道府県教育委員会は教育事務所を通じて、実質的に市町村教育委員会の代替機能を果たしてもいる。

存続してきた五つの根拠

公選制の時代から数えて日本の教育委員会制度は70年もの間存続してきたが、戦前には存在しなかったから、教育委員会制度が唯一の選択肢ではないはずだ。それでも教育委員会制度を支えてきた代表的原理は五つある。

第1に「民主性」である。教育には地元住民の意向を反映する、つまり民主的統制が必要であるという考え方である。これを制度に反映させたのが公選制教育委員会制度である。現在は選挙で選ばれた首長が、やはり選挙で選ばれた議会の同意を経て、教育長と教育委員を任命することをもって民主的制度であると説明されている。いずれの制度でも、民主的手続きを経て構成される教育委員会が、教育の方針を定めることが重要視される。

第2に「専門性」である。教育は専門家によって運営されるべきであるという考え方である。戦後のある短い期間、教育長、指導主事、そして校長に「免許制」が採用されたのは、専門性を制度的に担保しようとする発想そのものである。伝統的に、教育委員会制度のなかで教育長は専門性の象徴として位置づけられてきた。

こうして、民主性と専門性という一見調和しそうにない二つの原理が、教育委員と教育長を包み込む教育委員会制度として実体化された。

第3の「中立性」については、政治家の思いつきに左右される危惧から重視されてきた。これは教育にかぎらず選挙管理でも同じであり、党派対立に巻き込まれるようなことがないように制度設計がなされる。2015年からの現行制度では、同一政党に所属できるのは教育長、教育委員を通じて2人までである。教育分野では、とりわけ教員人事とカリキュラムに中立性が強く要請される。戦前のように首長選挙の論功行賞で教員人事が行われたり、首長の政治的・宗教的信条がカリキュラムに反映したりすることは避けなければならないとされる。

第4の「独立性」については、首長からの独立が念頭に置かれている。これは中立性を担保する条件にもなっている。独立性を重視した行政機構の典型は警察である。公安委員会という行政委員会が置かれるほか、警察本部は庁舎すら独立庁舎であることが多く、警察本部の事務職員は「警察事務」として県庁職員と別に採用される。

教育委員会でみると教育長や教育委員は首長の部下ではなく、議会の同意を経て任命されるから一定の独立性があり、その庁舎が独立していることも多い。また教育委員会は自ら判断して仕事ができる執行機関だが、事務局職員は教員経験者ばかりではなく、総務部門を中心に、首長部局からの出向者もいる。

こうしてみると、教育委員会の独立性は首長部局のような首長直轄部門と、相当独立の程度が強い警察本部の中間にあるといえる。

第5の「継続性・安定性」については、先にも述べた教育委員の任期制度として表れる。政権交代を果たした首長は前任者が任命した教育委員を勝手に解職することはできない。現行制度になるまでは教育委員と兼任だった教育長の事実上の任期は4年だった。これを3年に短縮した理由は、首長の教育委員会に対する影響力を高めるためである。政権交代した首長も自らの任期の早い時期に教育長を任命できるようになり、教育委員会が体現する教育行政の継続性・安定性は後退した。

文科省が守ってきた理由

教育委員会制度の見直し論議はこれまで何度もあったが、文科省はいつも省をあげて徹底阻止に動いた。その理由の一つは教育委員会が自分の手足のように動く事実上の「出先機関」であり、その維持にメリットがあるからだ。出先機関をもたない文科省にとって教育委員会は不可欠な存在である。

第3章第1節でみた教員給与、学校施設、第4章第1節でみた学習指導要領や全国学力・

学習状況調査、さらには教員の質を保証する教員免許制度、教員研修、勤務評定といったあらゆる面で、文科省は教育委員会に政策実施させている。

こういうスタンスの文科省に挑戦する地方自治体が時折現れる。教育委員会の任命制に疑問を挟み「準公選制」（住民投票の結果を首長が参考に任命）と呼ばれる仕組みをつくった東京都中野区はその典型である（１９８１〜１９９３年）。その後、中野区に続こうとした大阪府高槻《たかつき》市は、あらゆるチャンネルを使った文部省の説得工作によって断念に追い込まれた。

また、復活した全国学力・学習状況調査に唯一反旗を翻したのは愛知県犬山市だったが、結局市長交代に伴って参加した。２００７年度の導入初年度の文科省資料では「1教委（愛知県犬山市教育委員会）を除きすべて参加」と名指しされた。このように、文科省は地方自治体内の動向からは一定の距離を置きつつも慎重に「蟻の一穴」を埋めてきた。

中央省庁の宿命であるが、文科省は教育委員会への完全な分権を好まない。似たような立ち位置にいるのが、中央省庁における地方自治の守護神の総務省である。総務省が完全な地方分権による自省の廃止を志向しないのは当然である。中央省庁の一員でありながら地方自治体の後見役を自任するのは自己矛盾が伴うものの、自己否定をせずに省を守ってきた。文科省もその教育版であり、地方自治体を通じた教育政策の実施の後見人を自任しつつ、自らのコントロール範囲内での地方分権を志向する。

もう一つの理由は、責任回避ができるからである。自らの一部である出先機関を置けばコントロールしやすい反面、不祥事が起きたら本省の責任問題となる。これに対して、教育委員会制度を維持することで文科省はきわめて安全な場所に身を置くことができる。教育委員会の対応に不手際があったり隠蔽があったりすると、文科省は政務三役を派遣し地元教育委員会を叱責《しっせき》する。こういう場合に文科省は地方分権原則を強調して自らの免責理由とする。2000年代前半、進学校を中心として高等必修科目の「未履修問題」が露見し、地方教育行政関係者が自殺したが、当時の文科大臣は高校の管理権が文科省にないことを理由に直接の責任はないと国会で答弁した。

首長とのもちつもたれつ

教育委員会にとっては、首長や議員から教員人事やカリキュラムに介入されないことが重要である。職員数の面で、自治体のなかにおいて教育分野は巨大な領域である。2020年時点で地方公務員276万人のうち教育部門全体で約37%（102万人）、小中学校教員67万人だけでも全体の4分の1近くを占める。対人サービスの典型である教育は地方公務員である教員を大量に雇用するため、その人員と予算は巨大であるばかりか「教員の論理」で動くため、首長部局にとっても扱いに困るほどである。

首長側にも教育委員会を維持する利点があった。これまで首長は、伝統的に強い政治力を誇った教職員組合の対応を教育委員会に任せようとする動機があった。先に述べたように、かつて都道府県教育長には旧自治省からの出向もあったが、それはいかに教育分野での労使対立が激しかったかを物語る傍証である。

さらに教育分野は長年、カリキュラムでも、クラスサイズでも自治体の独自色を出せなかったから、首長としても関与するうまみはなかった。独自色を出せるなら有権者にアピールでき再選の可能性が高まるかもしれないが、それが期待できなかった。もっとも、２０００年の地方分権改革以降、教育分野でも独自色を出せるようになり、首長が教育分野に関与するようになった。

温存の末に——間接統治の到来

教育委員会を維持してきたことで、身内びいきや隠蔽体質として批判されるような状態になっていることはすでに述べたが、文科省にとっても悪影響がいくつかあった。

第１に、「自縄自縛」をもたらした。冒頭で述べたとおり、日本の教育委員会制度は「必置規制」であり、すべての自治体に採用が義務づけられ、アメリカのように大都市を中心として市長の関与を強めるようなことはできない。２０００年の地方分権改革後の必置規制緩和議論の際にも、文科省は徹底抗戦した。このときは高校の未履修問題が逆風となったほか、埼玉県志木《しき》市から教育委員会任意設置の特区提案が2003年から2005年まで何度もなされたが、文科省は決して認めようとしなかった。地方分権改革推進会議、地方制度調査会からも任意設置が提案され、2006年には全国市長会の緊急アピールまで出されるに至った。

このように文科省は執行機関の必置規制に固執し、実際に死守してきた。このことで文科省はかえって全国画一制度の維持という難題を抱えることになった。

第2に、「環境変化への不適応」である。教育委員会を相手方とすれば事足りる状態が長年続いたため、文科省は環境変化に適応しにくくなっている。義務教育費国庫負担制度の廃止議論が「三位一体の改革」の過程で浮上したとき、文科省幹部は首長に対して説得工作を試みるため急遽、全国行脚を行った。教育行政システムは所詮行政システムの一部であるはずなのに、それまで首長を視野に入れてこなかったのである。

何でも教育委員会に話を通せばやってくれるという構造は文科省に「甘え」の姿勢をもたらし、文科省と教育委員会との間には悪い意味での「相互依存」関係ができた。なお、第5章で触れるように、センター試験を民間委託しようとしたものの失敗した遠因は、文科省が企業というなじみのない相手との付き合い方を知らなかったことである。

文科省は教育委員会とその関連団体（PTA、教育長会、校長会、教職員組合）との業界関係者だけの狭い付き合いで変化の激しい時代に対応しようとしてきた。これでは企業やNPOが教育政策に関与しつつある時代の変化に立ち向かえない。教育分野にも変化が求められ、官邸を経由して経産省や総務省が参入しはじめており、教育政策の主導権が徐々に文科省の手から離れていっている。たとえば、コロナ禍で加速した、生徒一人に一台の端末を提供し高速ネットワークに接続させる「GIGAスクール構想」はその典型である。

しかし、官邸や他省庁は教育に直接手を突っ込むことはせず、あくまで文科省を通じて介入する。依然として文科省は地方教育委員会を通じて教育界を掌握している。この構造を温存したまま、官邸や他省庁は教育政策を効率的に「間接統治」しようとしている。「間接統治」は、間接統治主体となる官邸と他省庁、その下で直接統治を行う文科省、そして被統治対象（ここでは教育委員会）の三者が生み出す構造である。「間接統治」が機能するには、文科省が被統治対象をしっかりコントロールできる状況が必要である。さらに、その文科省に対して、間接統治主体である官邸と他省庁が強い影響力を発揮できることも必要である。

痩せ細る担当分野

本節では教育委員会制度そのものをめぐる動きを振り返ったが、最後に教育委員会の所管事項についてみておきたい。教育委員会は学校教育にくわえて社会教育、文化、スポーツ、文化財保護といった行政分野を幅広く所管してきた。しかし地方分権改革の流れを受け、自治体のなかには総合行政の一部としてこれらの分野を扱おうとする動きが生まれ、首長部局に移管することが可能となった。

2015年時点ではスポーツと文化を首長部局に移管した自治体は、都道府県で4割、市町村で1割弱である。2019年には文化財保護を首長部局に移管できるようになったほか、公民館、図書館、博物館も首長部局が管理できるように法改正が行われた。

このように学校教育という「本丸」を除けば、教育委員会は制度的に痩《や》せ細りつつある。一部の自治体では、教育委員会が担ってきた仕事の多くを首長が直轄するようになっている。

文科省が教育委員会制度を死守してきたことは歴史をみれば明らかである。教育委員会制度を廃止しようとする動きはこれまでに何度もあり、21世紀に入ってからも2回ほど危機が訪れた。その都度文科省はすべての都道府県と市町村に設置する「必置規制」を守り抜いた。

そこまでして守ってきた教育委員会制度であるが、これからも大きな問題が起こるたびにその存廃が議論の俎上《そじょう》に載るだろう。そして、すでに首長の関与が強まっているため、自治体によっては教育行政が首長の事実上の管理下に置かれるところも出てくるだろう。そのとき、文科省はあくまで地方教育行政の護持者という立場を守るだろうか。教育委員会制度の逆機能を考えず、教育委員会制度のメンテナンスを怠ってきたツケが表れているといえよう。

特に、教育行政を新しくしていくための政治連合づくりができないままに、変化の激しい時代に突入してしまったのは痛恨事である。これからも教育委員会制度について文科省は先のみえない「自衛戦」「撤退戦」を繰り返していかざるをえない。

＊

本章では、義務教育分野における文科省と教育委員会の関係をみてきた。教育委員会を温存させてきたことで、文科省にとって教育委員会は、「阿吽の呼吸」でいつでも都合よく動いてくれる存在であり続けている。まして財政的に厳しい時代にあって、教育委員会が文科省の打ち出す改革の方向に乗って、わずかであれ予算面での支援を期待するのも必然である。また、教育改革の結果責任を負うのは実施主体である教育委員会であるから、文科省は常に安全地帯にいられる。この文科省の態度を「間接統治」を目論む側が見逃さず、いよいよ教育政策への介入を強めつつある。

第5章　失われる大学の人材育成機能

本章では大学の人材育成機能に関する文科省と企業、政府との軋轢《あつれき》に注目する。第1節は大学入試を糸口に、即戦力を求める企業の強い意向が大学受験の政策決定に影響を与えることを述べる。第2節は大学のグローバル化に焦点を当て、グローバル人材を企業が要望していても、学生や研究者の送り出しや招聘《しょうへい》にかかるコストを企業、政府が考慮しないため、大学や学生、研究者個人にしわ寄せが及んでしまうことを指摘する。第3節は学術・科学技術人材育成について、博士号取得者が増えている世界の潮流に日本が取り残されたことを述べ、その遠因に文科省の置かれた立場をみる。

1　高大接続——誰のための大学入試改革か

２０２１年１月から２月にかけて、日本の大学入試制度は大きく変わるはずだった。しかし、受験生の経済的・地域的事情による有利不利が強く懸念されたばかりか、制度設計に重大な疑義が生じたことで大混乱に陥った。結局、大学入試制度改革はいったんほぼ白紙に戻された。

この混乱は、教育政策によって政策の受け手である受験生が損害を被った典型例である。「高大接続」（高校と大学教育の接続）という目新しいフレーズによって、大学入試を媒介に高校教育と大学教育とが結びつけられようとした。もともと高大接続がもちだされた背景には、大学教育が社会に出てから役立たないという問題設定があった。しかし、採用活動という人材戦略上重要な局面で、問題が指摘されて久しい新卒一括採用をいつまでもやめられない企業に言われるまま、こうした問題設定をしたことこそ問題ではないか。文科省はこの大学入試改革をめぐる混乱の過程で、どのような役割を演じてきたのだろうか。

改革対象となった大学入試

一口に大学入試といっても日本には国立、公立、私立大学があり、それぞれ独自の入試が行われている。入試の種類は多様化が進んでおり、ペーパーテストによる一般入試にくわえて、推薦入試や、学力試験を課さず小論文や面接試験を活用するAO（Admissions Office：入試担当部局のこと）入試が普及した。文科省の資料によれば、一般入試による入学者割合が2000年度の65・8％から2018年度には54・5％まで減少した。特に同じ期間、私立大学では60・1％から47・3％にまで減少した。

ここでは2020年度に実施される予定だった大学入試改革に注目する。この改革はセンター試験を大きく変え、「大学入学共通テスト（共通テスト）」をスタートさせることを主眼とした。センター試験はそれまでの共通一次試験を刷新したものであり、国立大学入試の一次試験として位置づけられるほか、私立大学の入試の代替試験としても活用され、私立大学のおよそ9割が何らかの形でセンター試験を利用するようになっていた。

センター試験は大学が利用する教科（理科や地理歴史など）・科目（化学や物理、世界史や日本史や地理など）を自由に選択する「アラカルト方式」が特徴だった。センター試験がスタートした1990年には40・8万人、ピークの2003年には55・5万人が受験し、2020年に実施された最後のセンター試験には52・7万人が挑んだ。

共通テストの目玉となるはずだった柱は二つあり、一つは民間英語試験の利用（民間利用）であり、もう一つは記述式問題の導入及び採点業務の民間委託だった。前者は2019年11月1日に、後者は同年12月17日に導入見送りが表明され、2001年の文科省誕生以来、最大級の混乱が起こった。なお、共通テスト自体は、これら二つの要素を除いた形で2021年1月に実施された。

改革の潮流と展開

共通テスト導入の源流を遡ると、民主党政権末期の中教審への諮問（2012年8月28日）に行き着く。9月28日には高大接続特別部会の第1回会議が開催されたが、この年末には民主党が政権から転落する総選挙があった時期であり、この諮問に対する検討はしばらく進んでいなかったようである。いずれにせよ、「高大接続」という一般になじみのない言葉が部会名に採用された点は、その後の受験生置き去りの展開を暗示していた。

大学入試改革の検討に動きがあったのは2013年6月6日である。第二次安倍政権が設置した教育再生実行会議で中教審会長が審議状況を報告し、改革の必要性が説明された。そこでは「これからの時代に必要な力」が設定され、「生涯を通じ不断に主体的に学び考える力」「予想外の事態を自らの力で乗り越えることのできる力」「グローバル化に対応し活力ある社会づくりに貢献することのできる力」が示された。教育の現状をみると大学教育、高校教育ともに受け身の教育しか行われておらず、「これからの時代に必要な力」が十分に身についていないことが問題視された。大学教育、高校教育の質的転換の必要性が示されるとともに、大学入試を多面的・総合的に受験生を評価できるものとすることが求められた。

この議論に説得力をもたせ、関係者に危機感を与えたのは、高校生の学習時間の大幅な減少（１９９０年から２００６年の間に、学力中位層で約２時間から１時間へ）や、一週間にまったく授業以外の学習をしない大学生の存在（９・７％）だった。

そもそも「これからの時代」がどのようなものかがわからないから、「これからの時代に必要な力」という問題設定自体に胡散臭《うさんくさ》さが漂っているが、この時点では問題設定に成功したのは間違いない。大学教育への危機感をもたせたことで、その入り口段階を左右する大学入試問題は、安倍政権の重要課題の一つとなった。

教育再生実行会議での中教審会長報告以降、第４次提言が半年をおかず２０１３年10月末に出された。この提言では、センター試験の衣替えと外部検定試験の活用を柱とする「達成度テスト（発展レベル）」と高校在学中の学習の達成度を把握する「達成度テスト（基礎レベル）」の導入が打ち出された。この時点では記述式問題には言及がなかったものの、高校教育や大学入試に民間の検定試験や各種資格試験を活用しようとする流れが固まった。

この提言を受ける形で、約1年後の2014年12月22日に中教審答申が出された。標題の一部に「新しい時代にふさわしい」と教育再生実行会議の中教審会長報告をなぞった表現が入れられ、情緒的な副題（「すべての若者が夢や目標を芽吹かせ、未来に花開かせるために」）をもつこの答申は二つの柱からなる。一つの柱が高校教育の学習を確認する「高等学校基礎学力テスト（仮称）」、もう一つの柱がセンター試験に代わる「大学入学希望者学力評価テスト（仮称）」の導入である。前者は英語など民間資格・検定試験の活用と記述式の導入が、後者は英語（読む、書く、聴く、話すの四技能）重視、資格・検定試験の活用と記述式の導入が盛り込まれた。この時点で改革の方向性は完全に固まった。

その後の具体的な制度設計段階となると、利益相反を疑わせる動きがみられるようになる。「利益相反」とは審判が選手を兼ねるようなものといえるし、自分で自分にパスを出すようなものともいえる。政治や行政の世界でいえば、税金で運営される事業を民間企業に委託する場合に、その委託先の選定に疑義が生じるのが利益相反である。今回の件ではコンペで選定される事業関係者がコンペのルールづくりに深く関わった。2014年11月に設置された協議会では、その後採択されることになる民間英語試験の実施団体関係者が委員として多数加わった。

翌2015年1月には文科大臣の名で「高大接続改革実行プラン」が策定された。ここでは二つまとめて「新テスト」と名付けられた「大学入学希望者学力評価テスト（仮称）」と「高等学校基礎学力テスト（仮称）」の具体化が宣言された。さらに目立つ形で添えられた別紙資料には「個別選抜改革を先行して行う大学の取組の推進」と銘打って、国立大学、私立大学に対して国の方針に沿った入試改革を行う大学への予算配分を盛り込んだ。もともとパイが限られている国立大学運営費交付金と私立大学等経常費補助金（私学助成金）のなかで新たに「競争的」な項目を追加したのだから、多くの大学は入試改革の必要性を議論することなくその制度設計を丸呑みし、「分捕り合戦」が展開した。

英語四技能と民間委託

さて、この前後から「新テスト」の議論の中心に「英語四技能」がクローズアップされるようになり、民間試験の活用が打ち出されるようになった。先の「高大接続改革実行プラン」を受け設置された「高大接続システム改革会議」の最終報告（2016年3月）では、大学入試センターを抜本的に改組して「新テスト」の運営に当たらせることや、民間テストを可能なかぎり活用することが盛り込まれた。特に英語については、「高等学校基礎学力テスト（仮称）」「大学入学希望者学力評価テスト（仮称）」のいずれでも民間委託が強調された。

そして、2016年4月には、いよいよ大学入試の民間委託の具体化を使命とする有識者会議が設置された。ところが、第1回から第9回は非公開とされ、議事概要だけが公開された。2017年5月19日の第10回に至りようやく会議の公開が決定され、第10回から第14回は議事録も公開されるようになった。

「新テスト」は「大学入学共通テスト（共通テスト）」と呼ばれることになり、第1回は2021年1月実施予定とされた。国語と数学に記述式問題が導入され、その採点が民間企業に委託されることとなった。英語については民間の資格・検定試験の活用が決まった。こうして受験生は記述式問題への対応とともに、受験本番前に民間試験を受験しなければならなくなった。不安の声を受け、受験生への経済的、地理的配慮が2017年7月と2018年8月の二度にわたり公表された。

大学入試センターでは2017年11月から12月に、新テストに用いる民間英語試験の参加募集を行い、翌2018年3月に8種類（6団体）、条件付きで1種類（1団体）が認められた。その後、実施時期や回数で大学入試センターとの協議が折り合わなかったとして、ビジネス英語資格試験大手のTOEICが2019年7月2日に参加を見送ると発表し、制度設計に不安の声があがった。

英語四技能をどのように評価するかについてのさらなる検討は、2018年12月に設置された新たな会議体に委ねられた。参加団体が決まってから、さらなる検討が必要とされる時点で先行きに不安を覚える会議体であり、設置時点において日程も議事も原則非公開とされ、各委員の取材対応も制限された。なおこの会議体の議事録は導入延期決定後、公開された。

あまりに杜撰だった制度設計

以上、改革の準備を順を追ってみていったが、節々で感じられるとおり、大学入試改革の過程のあちこちに不明確さや不透明さがあった。まず政策決定過程に関する情報が公開されていないため、十分な検証ができない。たとえば、2016年の「検討・準備グループ」の途中までの議事録は非公開となっているし、2018年の「ワーキンググループ」も当初非公開とされた。

後になって明らかになったのは、入試という秘匿性の高い案件という表向きの事情からではなく、実施に向けて重大な懸念事項が残されていたため、迂闊《うかつ》に公開できなかったという情けない実態だった。たとえば民間英語試験の試験監督に関しては、公正性に疑義が生じる運用が行われようとしていた。試験監督は三つのレベル（会場全体の「実施責任者」、各試験室の「試験監督責任者」、それ以外の「試験実施協力者」）に分けられ、このうち大量に必要となる各試験室の試験実施協力者には受験生の所属高等学校の教職員が含まれてもよいことになっていたのである。

それでも「高大接続」という目新しい言葉は、教育界の目をくらますのに一役買った。あらゆる政策文書や参入希望企業がこの言葉を用い、2020年度の東京オリンピック・パラリンピック開催に合わせて日本の大学入試がリニューアルされ、ひいては優れた人材が大学から社会そして世界に続々と輩出されるような幻想が振りまかれた。記述式問題は思考力を試すものとされ、丸暗記で対応できる選択肢式問題では見抜けない力を見いだすものとされた。またグローバル競争に勝てる「グローバル人材」(さらには「イノベーション人材」)づくりも叫ばれ、英語四技能重視へ政策の舵が切られた。

しかし、記述式問題については国立大学二次試験では長年行われているし、選択肢式問題を丸暗記で解けるというのは試験を知らない人々の言いがかりである。英語四技能については、百歩譲ってそれが重要な力だとしても、それを入試で測定できるかは検討されなかった。そもそもグローバル人材を育てるのに入試を変えれば済む問題かどうかが検討されるべきだし、さらにいえば日本の若者全員がグローバル人材になる必要があるのかも検討されなかった。そして、もしグローバル人材を育成できたとしても、日本企業の低賃金では雇用できないことは不問に付された。

「払い下げ」に群がった政治家・企業

今回暗礁《あんしょう》に乗り上げた大学入試改革は、政治家と企業にとって新しい「市場」を生み出すという点で利益にかなっていた。税金で運営されてきたセンター試験を衣替えするのだから、官業の民間委託や「払い下げ」のようなものであり、官製市場の民間開放そのものである。この過程に携わる政治家は教育企業からの支援を期待できるし、少子化に苦しむ教育企業も売り上げが確実に見込める官製市場へ参入できれば一息つける。

その場合の役割分担はこうである。まず政治家は危機を煽り改革を叫び、制度改革の機運を醸成《じょうせい》する。いつの間にか既存制度の改革自体が目的となり、冷静な政策論議が忘れられる。企業はこうした醸成された状況にキャッチアップし、受託を見据えた動きをする。ここに有識者が陰に日向《ひなた》に関わっていく。

「文教族」と呼ばれる教育政策に強い関心をもつ議員グループがある。教育政策は票にも金にもならないとされ、選挙に強い少数の議員が文教族として活動し、教育政策に強い影響を及ぼしてきた。その文教族に世代交代の波が来て、民間委託に違和感を抱いてきた世代から民間委託に積極的な世代に代わった。

おりしも第二次安倍政権以降、新世代の文教族が牽引する与党自民党の教育再生実行本部と、官邸の教育再生実行会議が政策の方向性を打ち出し、文科省と中教審はその肉付けを行う〈発注－下請け〉関係が明確になっていった。

文科省の政策実施責任

さて、このように教育政策をめぐる構図が変わるなかで、文科省が果たすべき役割は何だったか。それは政策実施を見据えた制度設計を行うことだったはずであるが、残念ながら文科省はその期待に応えることができず、拙さが目立った。これは担当者や担当組織の問題ではなく文科省全体、教育政策全体の構造的な問題である。

日本の教育政策の現状は、各主体が政策実施についての想像力を欠如させた状態である。政治家は改革が走り出せばそれでかまわないが、現場は圧迫され疲弊する。大学入試改革が延期された際の文教族の延期反対運動は、一度走り出した制度改革が容易に止められないことを露呈した。他方、企業にとっては一度受注してしまえばコストを限りなく低下させる誘惑に駆られるから、企業に利益を度外視したサービスを期待する方がおかしい。

これに対して、文科省は教育政策の所管官庁として制度設計に大きな責任をもつ。ところが大学入試の制度設計がこれまでと大きく異なる局面に直面したにもかかわらず、従来のやり方を貫いた結果、大きく躓《つまず》いてしまった。もともと文科省は大学入試について、個別大学と入試センターに実施を依存してきた。個別大学は予算や補助金で縛っている関係だし、入試センターは所管する独立行政法人であるから、どちらも少々の無理を頼みやすい。多くの大学関係者が知るように、出題ミスや監督の不手際についての社会からの批判をおそれるあまり、センター試験のマニュアルが年々複雑になり厚さが増しているのはその表れである。

つまり、文科省は大学入試の実施に関してコスト意識やロジスティクス感覚を欠如した状態のまま、民間委託の制度設計を行ってしまった。民間英語試験の会場を高等学校としたり、その学校で教える高校教員に試験監督をさせようとするあたりに文科省の伝統的な姿をみてとれる。さらに企業が記述式の採点に大学生を含むアルバイトを雇用することに疑問をもたなかったのは、ロジスティクスや実施への想像力を欠如させた証拠である。さらに、試験実施団体が試験対策向け参考書や問題集を販売し対策講座を実施したり、不適切な営業活動に利用したりするのを放置したのも、学校現場に関心がないからである。

要するに、文科省は大学関係者、教育関係者との「もちつもたれつ」の関係が、教育企業にも通用すると思っていて、企業の営利活動に対する認識の甘さがあったのである。教育産業が官製マーケットに参入するために設立した団体に役員として名を連ねたのは、元文部次官、元中教審会長、元教育再生実行会議委員、元文科大臣補佐官だった。また、大学入試改革の会議体委員に、参入を狙う企業や団体関係者を入れるといったことは利益相反を強く疑われる。もしも検討に必要な情報提供を受けるならば、その都度ヒアリングすればよかったはずだ。

そして最も深刻だったのは、受験生の居住条件の格差についての想像力の欠如だった。離島・僻地《へきち》の高校生はどうやって民間試験を受検するのか、貧困家庭はどうやって受験料を捻出するのか、そうした制度設計上詰めるべき論点を十分詰めず、企業が言うがままに実施に向けて走ってしまった。

受験生が政治家を動かす

大学入試改革に疑義を唱えてきた有識者たちが2019年6月に国会請願書を提出したが、審査未了で保留となった。先にみたとおり、7月にはTOEIC撤退が発表され、いよいよ雲行きがおかしくなり、この頃から当事者（被害者）である高校生の動きが活発になった。8月には柴山昌彦文科大臣が「サイレント・マジョリティ（大多数の物言わぬ層）」は大学入試改革に賛成であること、つまり反対運動は一部の「ノイジー・マイノリティ（一部の抗議者）」によるものだとSNSで示唆して「炎上」した。その後8月と9月の3度にわたる文科省前抗議行動では、有識者だけではなく高校生もマイクを握った。9月10日には、文科省にとって身内であるはずの全国高等学校長協会が、民間試験の活用延期を求める要望書を提出するという異例の展開を見せはじめる。

そして、ついに10月24日、前月就任したばかりの萩生田光一文科大臣が「身の丈」発言をするに至った。民間試験には検定料がかかるが、自分の身の丈に合わせて頑張ってもらいたいという趣旨の発言だったが、貧しい受験生への配慮に欠くものとして大きく取り上げられた。

大臣発言と同じ24日、野党が英語民間試験導入延期法案を衆議院に提出したほか、10月31日に首相官邸が延期に向けた調整を行っていることが報道された。そして、ついに11月1日に文科大臣が導入の延期を表明した。その後11月5日には自民党文教部会、公明党文部科学部会がそれぞれ、文科大臣に不満や受験生第一の対応を申し入れた。

他方、記述式問題についても11月14日に野党から中止法案が衆議院に提出され、12月5日には与党の公明党（幹事長・文部科学部会）が延期の申し入れを行った。こうしてお膳立てが整った17日、文科大臣が延期を表明した。

ここまでを振り返ると、受験生やその保護者・家庭を困らせる制度設計が、文科省を飛び越えて政治家への批判も呼び起こしたのがわかる。政治家は選挙を最も重視するから、再選が危うくなることは絶対に避ける。延期が与野党から提案されたのは、政治家たちが高校生を含む有権者の改革に対する怒りに恐怖し、落選のリスクを感じたからである。

文科省の弱点

大学入試改革をいったんストップさせた萩生田大臣は2020年の年頭訓示で職員に対して、激動の前年を振り返り、制度設計上の問題は「直言」すべきと叱咤激励した。たしかに文科省には「面従腹背」の文化があったのだろう。現場が疲弊しても文科省が安泰であればかまわないのかもしれないし、実際、省内はそういう空気だったのだろう。

しかし、ここまでみてきたように、直言できない文科省の背景には構造的な問題がある。

第1に、疲弊して思考停止していた可能性がある。文科省はただでさえ霞が関最小規模であるから、少ないマンパワーでの制度設計は困難だし、まして無理筋で決められた改革の制度設計を押しつけられて被害者意識が前面に出て、投げやりになったかもしれない。

第2に、文科省の文部系に強くみられる先輩後輩関係やしがらみに搦《から》め捕られた可能性がある。元事務次官、元文科大臣補佐官、元中教審会長が教育産業と関係していれば、むげには扱えない。

第3に、すでに述べたが現場へ「丸投げ」するスタンスが染みついていたことが影響した可能性がある。文科省本省は、いかに杜撰な制度設計でも一度動き出せば、現場(ここでは全国の高校)が企業の描いたシナリオに沿って動いてくれると考えていた節がある。

大学入試をめぐる迷走に関して、文科省だけを批判することはできない。改革を急いだ政治家、企業、そして有識者が、改革の方向性を決めるに当たって大きな影響を及ぼしたことはたしかである。経済学者のクルーグマンの『経済政策を売り歩く人々』という著書があるが、文科省はまさに「教育政策を売り歩く人々」に振り回された。マスコミもセンター試験の試験時間不足は秒単位の誤差でも報道するのに、こうした大きな改革案件について論理的な理解の上に立った報道を行わなかった。

しかし、文科省にも制度設計や政策実施上の課題の洗い出しという大きな責任がある。文科省はその責任を十分果たしきれなかったが、本節でみたように、それは担当者の資質というより文科省という組織全体が抱えている構造的問題が原因である。

2　大学改革――何のためのグローバル化か

大学の主な役割は「研究」と「教育」である。最先端の研究成果に基づいて教育を行い、社会に有為な人材を送り出すのが大学の理想的な姿であり、研究と教育が両輪となることが前提となっている。こうした大学の人材育成機能に強く期待するのが企業である。日本企業はグローバル競争に太刀打ちできない理由を大学教育の不十分さだと考え、大学の「グローバル化」を強く求めるようになった。

他方、大学（教員、学生）は「不変の真理」を追究するというその性質から、もともと国境という人為的な区切りを飛び越えグローバルに活動する動因をもつ。しかし日本の大学は言語や地理的条件から、そのようなグローバルな動きに追いついていない。そこで日本の大学もグローバル化に舵を切りはじめた。この節では大学改革の旗振り役である文科省が大学のグローバル化に寄与する道筋を探る。

「ところてん構造」の大学

2020年前半、コロナ禍によって多くの大学キャンパスが閉鎖されオンライン授業に移行し、一部の大学生は授業料返還運動を行った。これは一見すると教育サービスの「消費者」としての合理的行動ではあるが、大学の機能を「授業」に限定した見方だともいえる。大学の機能は学生に授業を提供するだけではなく、正確には最先端の研究成果に基づいて高度な水準の教育資源を提供する場だといえる。図書館のデータベースは、個人で契約すれば高額だが、大学の機関契約で使い放題というメリットがある。特にその構造が明確なのが国立大学のなかでも「研究大学」と呼ばれる大学群である。

2020年度時点で日本の大学数は全部で795校である。内訳は国立86、公立94、私立615であり、私立のシェアが8割近い。学生数は292万人で、内訳は学部生262万人、大学院生25万人であり、学生のほとんどは学部生で占められている（これとは別に短大が３２３校あるが学生数は11万人程度で、この10年ほどで約５万人減少した。これは短大の四年制大学への転換が影響している）。

設置者別では国立60万人、公立16万人、私立２１６万人である。学校数と学生数の比でみると、国立は一校あたりおよそ７０００人、私立は３５００人である。学校数の多い私立大学の平均学生数が国立大学よりも低いことから、マンモス私大がある一方で小規模私大も多く、多様さがあることがわかる。

設置者別学位課程別学生数をみると、学士課程では私立が８割、対して修士課程では国立が６割、博士課程では国立が７割となっていて、大学院生の多くは国立大学の学生である。修士課程まではどちらかといえば教育プログラムの消費者、受け手という性格が強いが、博士課程となるとむしろ新しい知を生み出す側となる。博士号取得には単なる学習の成果ではなく、研究上、学術上の貢献が必要とされる。冒頭でみたように、大学は研究に基づいた教育の場であり、それが国立大学で色濃く出るのは国立大学では大学院が研究の場として機能しているからである。

また、大学入学年齢からは日本独特の状況が明らかとなる。いわば「一方通行の学士号取得」が日本の特徴である。学部入学時の年齢は18歳と19歳だけで94・６％であるから、現役と一浪で大半を占める。大学院入学年齢では、修士課程は22歳と23歳で4人に3人を占め、いわゆる「ストレートマスター」が多い。これに対して博士課程は24歳から26歳を合わせても3割程度である一方、社会人4割、留学生2割と多様である。

大学と社会の関係でみれば、企業は「大卒新卒一括採用」をいまだに放棄していないため、経済的理由で高校卒業後いったん社会に出てから、大学生となり学士の学位を得る生き方ができない。さらに、本来人材の価値を高めるはずの大学院を修了したとしても給料面で企業は優遇しない。こうして同一年齢グループが大学生となり社会に出ていく「ところてん構造」となっている。この構造は、企業が大学教育に対して過度に口を挟む遠因となっているといえるだろう。

蜃気楼のようなグローバル化

これまでみてきたように、文科省は既存制度を維持しようとする一方で、新しい政策課題を政策目標へと上手に変換することが苦手である。大学のグローバル化もまた不十分な議論を経て目標となっていった。

大学のグローバル化を求める背景には、企業の国際競争力低下がある。大学教育が不十分であるから、大学が輩出する人材が企業に貢献しないというロジックである。つまり、大学がグローバル化すれば企業はグローバル競争に勝てるという発想である。

しかし、企業がこれだけ大学に注文をつけて仮に優秀な人材を輩出したとしても、企業が高い人件費を払わない（払えない）という事実を経済界の人々は語らない。博士号取得者を雇用する企業が少ないことはかねて指摘されてきたが、政府も近年になってようやく言及しはじめたところである（２０１９年「成長戦略実行計画」）。

企業目線のこうした問題の立て方にはおかしなところがある。１９８９年の企業時価総額ランキングではトップ５を日本企業が独占し、トップ50に32社もの日本企業がランクインしていた。２０１９年ではわずかにトヨタ自動車１社が43位に入っただけである。たしかに平成の30年間で企業の時価総額世界ランキング上位から日本企業の多くが転げ落ちてしまった。「ＧＡＦＡＭ（ガファム。グーグル、アマゾン、フェイスブック、アップル、マイクロソフト）」に代表されるＩＴ企業を中心とした産業構造の変革に日本企業は脱落した。その意味で日本企業が凋落《ちょうらく》したという認識まではたしかに正しい。

しかし、その原因を大学の人材育成機能に求めるのは、企業の八つ当たりである。グローバルに活躍できる人材を日本の大学が輩出できているとしても、そうした人材はもはや賃金の面でも職場環境の面でも日本企業を選択しないからである。他方、日本の大学がグローバル人材を育成できていないなら、日本企業は日本の大学の卒業生を早々に見限って海外に人材を求め、英語を社内公用語にすればよい。だが、日本の賃金水準が平成の間ほとんど上昇しなかったように、日本企業は優れた人材に見合う給料を支払えない。つまり、企業は自らの努力不足を大学に責任転嫁し、およそ根拠のない目標を大学に押しつけた。

安倍政権での注力

経団連が「グローバル人材の育成に向けた提言」を発表したのは2011年6月のことであるが、その要求が文科省にストレートに伝わったわけではない。文科省により大学政策、学術・科学技術政策に変換されていく過程があった。特に2012年末に民主党から政権を奪還した第二次安倍政権成立後に、急ピッチで政策の方向付けが行われた。民主党政権を「悪夢」と表現する政権にとって、大学のグローバル化は失われた時間を「取り戻す」意味で、政権のキャッチフレーズにふさわしかった（政権復帰の際の自民党スローガンが「日本を、取り戻す」）。

官邸に置かれた教育再生実行会議の第三次提言（2013年5月28日）では、「徹底した国際化を断行し、世界に伍して競う大学の教育環境をつくる」という威勢のよい修飾語に彩られた目標が提言された。その後、6月14日の「経済財政運営と改革の基本方針について」（閣議決定）と、同日発表された「日本再興戦略―JAPAN is BACK―」そして「第

２期教育振興基本計画」でも留学の後押し、大学の国際化やグローバル人材の育成が謳われた。

第二次安倍政権での教育政策づくりの特徴は官邸主導で政策の方向性を固め、その具体化を中教審が担うという「分担（発注‐下請け）関係」であった。２０１３年７月17日、中教審大学分科会には「大学のグローバル化に関するワーキング・グループ」が設置された。早くも第１回では審議に先立ち、外国大学とのジョイント・ディグリー（複数大学の共同による学修プログラム修了者に授与される共同で単一の学位）の制度化、海外キャンパス制度、外国人教員の増員、英語による授業の増加、英語のみで学位のとれる学位課程の拡充、日本人の海外留学促進、優秀な外国人留学生の受入促進という具体的な論点が示された。

他方、文科省の事業として、「トビタテ！留学ＪＡＰＡＮ」を２０１３年10月末からスタートさせ、返済不要の給付型奨学金をはじめとする支援事業を官民協働で行っている。主な支援企業はソフトバンクグループ、三菱商事、トヨタ、東進ハイスクール、佐鳴《さなる》予備校である。

２０１４年度からは「スーパーグローバル大学創成支援プログラム」が始まった。世界ランキングトップ１００を目指す力のある大学を支援するという趣旨（タイプＡ）のプログラムは最長10年間の合計で最高50億円の補助金が交付されるもので、国立大学を中心に13校が採択され、私立では慶應義塾大学、早稲田大学が入った。たとえば東京大学では10年間で約49億円の補助金を申請し、大学負担額を約10億円とした。しかし国内最大規模の大学院を擁する東京大学に対して、わずか年間5億円程度の補助金が交付されるプログラムに「スーパーグローバル」という大仰な名称はふさわしくないだろう。文科省は掲げた目標の割りに予算を出し渋っているとしか思えない。

ちなみに、アメリカのミシガン州立大学では、2020／21年度から教育政策研究の博士課程プログラムに対して連邦教育省から5年間で4億円の助成金が交付されることになった。このプログラムにより授業料や研究費相当額を給付し、21人の博士課程の学生を育てるそうである。博士課程の学生は在学2年目から3万4000ドル（約350万円〔1ドル＝105円として〕）の学費と医療保険相当額の助成金と2000ドル（約21万円）の研究・旅費助成を3年間受けることができる。東京大学のプログラムをみわたしても学生個人に対する学費や研究費の助成は見当たらず、国際交流の名のもとに相互に行き来する旅費やイベントに多くの経費をかけているようである。両者の助成プログラムの趣旨が違うにせよ、アメリカではたった一つの教育プログラムが学生一人あたり年間数百万円を投入するわけで、学生を育てる姿勢に大きな差がある。

それでも、大学のグローバル化が至上命令となった以上、各大学は威信をかけて採択を目指すように追い込まれる。タイプAでは10件程度の募集に16校が応募し、13校が採択された。

国立大学のグローバル化対応

２０１０年代に入ってからは、国立大学側もグローバル化の要請を無視することはできない情勢となった。第二次安倍政権が本格的に大学のグローバル化の方針を固める前の２０１３年３月８日、全国の国立大学の連合体である国立大学協会は政治の動きに呼応して「国立大学における教育の国際化の更なる推進について」を策定し、国際化の数値目標を打ち出した。

ここでは国立大学全体の２０２０年までの目標値が五つ設定された。(1) 受入留学生数の割合を学部・大学院合わせて10%にすることを目指す、(2) 派遣留学生の割合を学部・大学院合わせて5%にすることを目指す、(3) 外国人教員比率を倍増させることを目指す、(4) 英語での授業実施科目数を学部、大学院ともに倍増させることを目指す、(5) 国際化に関連した数値目標を設定している大学数を倍増させることを目指す、というもので、いずれも「……を目指す」と腰の引けた表現である。

スーパーグローバル大学創成支援プログラムの審査基準や採択後のフォローアップ指標をみると、国立大学協会の打ち出した目標とそっくりなものが並んでいる。国立大学側と文科省の間の「阿吽の呼吸」がみられる。

支えるお金はあるか

大学のグローバル化が単に学生や教員の行き来の活発化ではなく、世界の有力大学と比肩しうる大学をつくることを目的とするならば、お金がものをいう。「世界の大学ランキングトップ100」に10校をランクインさせることが「教育再生実行会議第三次提言」「日本再興戦略」で謳われたが、目標設定にあたって現在のトップ100校の財政規模を考慮したとは思えない。そもそも大学ランキング自体の妥当性が不明確なまま突き進んでいる。

第3章第3節でも少し触れたが、ここで海外の大学の財務状況をみてみよう。『フォーブズ・ジャパン』の記事によると、2018/19年度にアメリカの大学が受け取った寄附金は総額で467億ドル（当時のレートで5兆2000億円）であり、トップ20校でその3割を占めている。それらトップ20大学の学生数はアメリカ全土の学生総数の1・6％である。各大学の自助努力の結果として、広い裾野を前提にした資源の集中が生じることでごく一部の大学の競争力が高められている。寄附金受入額ランキングトップはハーバード大学で約1577億円、次いで、スタンフォード大学、コロンビア大学はいずれも1000億円を超える寄附金を得た。

こうした寄附金を原資に大学は基金を置き運用する。日本学術振興会の調べによると、2018年度のアメリカの大学基金の投資利益率は8・2%であり、前年度の12・2%を下回ったというが、日本の感覚ではいずれも高利回りである。10年間の平均年間利益率は5・8%となった。

これに対して、東京大学基金の2019年度運用利回りはマイナス2%だった。2019年度末の東京大学基金残高は約149億円だったが、この年度の寄附金収入が約33億円で、基金への繰り入れ額が4300万円だった。基金残高は徐々に増えているようであるが、いかんせん運用利回りが悪すぎる。これでは基金から大学運営に回せる額も少なくなるばかりか、基金の取り崩しも視野に入ってくる。

大学の学長報酬でも彼我の差が明らかである。『ニューズウィーク日本版』の記事（2018年4月26日）によれば、日本の国立大学学長の年収はおよそ2000万円だが、アメリカの学長のトップ層では1億円から1億4000万円ほどとなっている（ニューヨーク大学、ペンシルベニア大学、イェール大学、ロックフェラー大学、コロンビア大学）。

教授の報酬額をみても、アメリカ大学教授協会の調べによれば、アメリカの博士課程を置く私立大学（ハーバード大学、スタンフォード大学、シカゴ大学、コロンビア大学、MIT）では2000万円を超え、さらに住宅等の支援も充実している（2015～16年のレート）。

これに対して日本の国立大学ではせいぜい1200万円程度が関の山で、私立大学で1500万円ぐらいである。

これだけ報酬格差があれば、日本の大学に好んで移籍する世界的な研究者はいるはずがなく、日本に特別な関心のある一部の研究者が来てくれるだけであろう。こうした「金目《かねめ》」の議論を避けたまま大学の「グローバル化」が進められているが、果たしてこれで大学の国際競争力がつくだろうか。国立大学協会の設定した目標をみるかぎり、表層的な指標でグローバル化の要請をやり過ごそうとしているようにみえる。

他方、そうした表層的な指標に過剰適応する大学も出てきた。たとえば、2019年1月に千葉大学は、在学中に全学生の海外留学（1週間から2ヶ月程度）を必修にすると発表した。しかし、これはいわば短期留学であり、生活を立ち上げ現地に溶け込む努力をしないで済むお手軽版である。それでも評価指標に留学者比率が設定されれば、こうした動きも目立ってくる。千葉大学は授業料の引き上げも行い、規定上認められる最大幅の2割アップを行う。

国立大学協会のフォローアップ調査でも、表層的な対応が目立つ。たとえば、日本人学生の海外留学率について、2011年度に2・2％だったものを2020年度に5・0％を目指すと設定した。2017年時点で5・2％に上昇させ目標は達成したが、その内訳は1年未満の短期カテゴリが98％を占める。しかし、1年未満の内訳には「2週間未満」「2週間以上１ヶ月未満」も含まれる。１ヶ月未満のごく短期間の滞在も「留学」に組み入れることと、グローバル人材育成との関係をどう考えているのだろうか。気の利いた私立高校の方がよほど充実した海外経験を提供している。

圧倒的なサポート不足

このように大学のグローバル化は、それを目的とした背景もしっかりした議論を経ておらず、実際に導入された具体的な支援策も予算規模の面で、到底世界的な競争力を備えた大学をつくれるものではなかった。

それでも文科省は官邸からのグローバル化の要請をプログラムに落とし込まなければならない。その際、頼みやすい相手に頼むのが常道であり、この案件では国立大学（協会）だった。しかし「世界に伍して競う」と定義のはっきりしない修飾語を並べたところで肝心な予算が少なすぎる。それでも文科省は改革から逃げるわけにはいかないから、少ない金額であっても「スーパーグローバル大学」と大げさな名称のプログラムをつくるしかない。文科省と国立大学との間でなんとか対応しようとするから、混乱が生じるだけである。

他方で本来取り組むべき課題は一顧だにされない。海外に留学や研究目的で３ヶ月以上の中長期間滞在したことのある学生や研究者は痛感することであるが、ビザを取得したうえで海外で学ぼうとする際、国や大学からのサポートは乏しく、組織に守られている感覚がない。

これは企業の駐在員との比較でみるとよくわかる。ビザの取得一つとっても企業の人事部門が全面的にバックアップするのと対照的に、大学ではそうしたサポートはほとんど期待できない。学生や研究者は銀行口座や住居の手配も自力で行う必要がある。日本政府が海外の主要な大学街にアパートを契約してくれれば、ずいぶんと違うのではないか。また、せっかく産学協働が求められる時代なのに、大学が企業の海外ネットワークや駐在ノウハウを活用しようとする動きは鈍い。

コロナ禍を受けて日本からの留学生にも帰国要請がなされた際、所属大学や政府が帰国後の交通手段や自宅待機期間中のサポートをほとんどしなかったのは、このような体質を反映している。

要するに文科省も国立大学も教育界のなかでなんとかしようとしてきたために、経験も資源も蓄積してこなかった。文科省は各大学に任せきりだから、海外拠点を設置するのも大学単位であって、政府が率先することはない。各大学も学生や研究者個人に丸投げするから、結局海外に行くための労力が嵩《かさ》んでしまい、それぞれの努力が蓄積されないままとなる。

また、日本の所得水準が諸外国の伸びに追いつけないどころか、大きく引き離された。第二次安倍政権期には円安基調が続いたから、海外での大学街の物価上昇（家賃、食費、学費）

と合わせてトリプルパンチとなった。これでは日本の奨学金を得ても安心して海外に「飛び立つ」ことなどできない。

英語のできない事務職員、日本独自の奇習

大学のグローバル化には英語がキーとなる。スーパーグローバル大学創成支援プログラムのフォローアップにも含まれるように、教員や学生だけではなく、事務職員の英語力も評価指標になっている。たしかに事務職員が英語でやりとりできない状況では、将来の入学希望者からの問い合わせへの対応、研究者の招聘、学術集会の招致、日本人学生が留学先で取得した単位の読み替えといったことを、英語のできる教員がすべてするはめになる。

ただ、仮に英語のできる事務職員が増えても、日本の国立大学の事務処理の仕方からみると、大学としてのグローバル化は覚束《おぼつか》ない。第３章第３節で述べたとおり、研究費の使い方には各大学の「ローカルルール」と呼ばれる奇妙な制約がある。不適切な使用事案を受けてどんどんそうしたルールが積もり積もっている。たとえば、学会に出席したことを証明するために、学会大会の看板前で写真を自撮りするとか、出張先のコンビニで支払った少額のレシートを提出するといった例がある。英語の使える事務職員を育てても、有力な海外の研究者にこのような奇習を英語で説明するのでは宝の持ち腐れである。

いわゆる「事務」職員ではなく、より専門性の高い職員を雇用することも検討されて然《しか》るべきなのに、従来型の事務仕事を前提とした組織のままではグローバル化は覚束ない。職員も企業から中途採用するようなことを検討するべきであろう。

また海外の大学では、ゲストを招いたセミナーのあとのレセプションでアルコールも提供される。日本でもそうしたイベントはあるが、アルコール代金だけは実費を徴収されたり、アルコールの提供自体を厳しく制限されることも多い。このようながんじがらめの環境でわざわざ働こうとする海外の研究者はまずいない。

こうした制約は、国立大学が税金で運営されていると社会が思えば思うほど、厳しくなっていく。大学のグローバル化を税金で行おうとする苦しさがここにあり、この点でも国立大学は税金（国立大学法人運営費交付金）以外の収入源を増強すべきである。

資源制約を突破するには

文科省は大学をグローバル化する気があるならば、まず必要経費を諸外国の実例に学んで計上するべきである。通常の予算編成でそれが獲得できないならば、別の方策を考えるべきである。通常の予算編成だけで勝負しようとするから、グローバル化予算は確保できても、その分、国立大学法人運営費交付金が削減されたりする。プログラム間でも大学間でも大学予算のなかで分捕り合戦が起こってしまう。

原資がないなら開拓するべきである。日本は増税を嫌う社会だから学費値上げへの抵抗感もあるが、予算がなければグローバル化はできない。ただでさえ世界ランキングのトップ層は英語圏の大学が多いため、日本の大学は言語面のハンデを克服する予算も必要である。

留学生の増加がグローバル化につながるかもしれないが、それは指標上のことである。留学生が増加すればそれだけ業務も増えるしコストも嵩むが、その費用は誰が賄うのか。２０２０年２月14日に始まった「国立大学法人の戦略的経営実現に向けた検討会議」でようやく国立大学の留学生の学費引き上げが正面から議論されはじめた。このような動きは文科省や関係者がやっと必要経費を意識しはじめたことを示している。

アメリカのコロンビア大学の例だと、留学生ビザの要件にはフルタイム学生であることが入っており、毎学期の必要最低単位数が決まっている。取得単位数に応じて授業料は変動するから、必然的に「留学生ビジネス」は大学を潤わせる。

日本でも注目すべき動きがある。２０１２年９月に開学した内閣府が管轄する沖縄科学技術大学院大学は、政府肝いりで国立大学を遥かにしのぐ財政支援を受け、公用語を英語とし世界各国から優秀な研究者と学生を呼び込んでいる。教員あたり学生数は２・９人（東京大学７・１人）、教員一人あたりの国からの予算は２・５億円（東京大学０・２億円）と大きな違いがある（2020年度の数字〔東京大学の教員数は2018年度〕、両大学ウェブサイトより）。その結果が早くも現れはじめており、2019年の「質の高い論文」ランキングで世界9位に躍り出た。このように予算と研究成果は結びつきやすい（『日経ビジネス』ウェブサイト2020年3月27日）。

文科省もこうしたシンプルな発想をベースに、国立大学のグローバル化に取り組んでいくべきである。日本の研究重視型の国立大学は多くの学部生を抱えており、その教育負担が教員にのしかかっている。それだけでも大学のグローバル化に対応する余力がないのに、これで海外の有力大学と競争しようとするのは無理がある。それにもかかわらず、ここまで述べてきたとおり、文科省も国立大学もお互い新しい発想ではなく、目の前の改革になんとか対応しようとして弥縫策《びほうさく》にとどまっている。文科省は、ただ手をこまねいているのではなく、学費や寄附金収入を重視し国立大学の財務の安定化を実現させ、大学、研究者・学生個人それぞれに手厚い財政支援を行うべきである。

3 先細る日本の学術・科学技術人材

学術・科学技術の人材育成は日本の将来に関わる重要なトピックである。世界に目を向けると、学術・科学技術の世界で活躍するには博士号の取得が必須とされ、その傾向はますます強まっており、企業やNPOでも大学院修了者の割合は高まっている。ところが、日本では一時的に博士号取得者が政策的に増やされたものの、その就職口はわずかな大学教員ポストに限られてしまい、せっかく博士になっても専門的能力を発揮する職業に就くことができない。本節では、学術・科学技術政策のなかの人材育成に絞って、文科省の努力と限界を考えていく。

85万人の研究者と予算

厳密にいえば、本節に関する文科省の担当領域は、文部系の「学術」と科技系の「科学技術」に区別できるが、研究三局の筆頭局の名称が科学技術・学術政策局となっているため、両者の関係は科技系寄りだとみるべきである。二つの分野に関連する人材を学術・科学技術人材とみなし、本節では「研究者」と呼ぶ。

大学教員だけを研究者とイメージしがちだが、企業で研究開発に従事する者も多数存在する。政府の「科学技術研究調査」によれば、2016年の日本の研究者数は約85万人で、2006年から3万人弱増加し、中国、アメリカに次ぐ世界第3位である。一方、フルタイム換算した値では2016年度時点で中国169万人、アメリカ137万人、そして大きく離れて日本は68万人（2017年度）である。

日本の研究者の雇用主別にみると、企業が全体の6割弱（49万人）、大学が4割弱（32万人）、非営利団体・公的機関が5％（4万人）を抱えており、企業が研究者の最大の受け皿である。研究者となるには大学院を修了し、博士号もしくは修士号を取得する必要がある。この大学院教育を通じて、文科省は研究者育成について責任をもっている。

研究者育成は広い意味で学術・科学技術政策に位置づけられる。この政策分野の予算をみると、2020年度政府全体で1兆3565億円であり、文科省予算はその65％（8804億円）を占める。文科省予算の上位は、研究者たちの研究費となる競争的研究資金の科学研究費補助金（科研費）が2374億円、宇宙・航空分野の大型研究に1575億円、原子力分野の大型研究に1475億円が投入されている。

競争的研究資金は各省庁がそれぞれ所管していて、総額は2020年度で7226億円である。文科省は全体の51％の3680億円、次いで経産省が37％で2655億円である。

スーパーサイエンスハイスクール

文科省の設置直後の2002年度に、文部系と科技系の協力の象徴として生まれたのがスーパーサイエンスハイスクール（SSH）事業である。第1章第3節でみたように、文部系の教育政策は「機会均等」を重視する一方で、科技系の科学技術政策は「選択と集中」を重視する。わかりやすくいえば、地域、家庭を問わずすべての子どもに最低限の教育サービスを提供する教育政策と、科学技術の粋を結集してロケットを飛ばそうとする科学技術政策は根本的に相容れない。なお、ＳＳＨ事業は文科省の分類上、「科学技術イノベーション人材の育成・確保」に位置づけられており、科技系の予算となっている。

　ＳＳＨ事業の狙いは高校教育に「選択と集中」原則を注入することである。義務教育でも高等教育でもなく、機会均等原則がそこまで重視されていなかった（高校無償化は文科省設置時点では行われなかった）高校教育に白羽の矢が立ったのである。ＳＳＨ事業は２０２０年度時点でも続く、文科省設置以降の最古参の事業である。２０２０年度は56校の応募から28校が新たに採択された。各校は毎年６００万円から１２００万円を5年間受け取るが、これは初等中等教育段階の学校が受け取る金額としては大きい。２０２０年度の事業費は総額22億円であり、「科学技術イノベーション人材の育成・確保」事業としては日本学術振興会特別研究員事業（１５６億円）に次いで2番目の規模である。

　２０２０年度に指定を受けた高校は全部で２１７校であり、これまでに指定を受けたことのある66校と合わせても全国の高校約５０００校の1割に満たない。指定校リストには宮城県仙台第一高等学校、山形県立米沢《よねざわ》興譲館《こうじょうかん》高等学校、東京都立日比谷《ひびや》高等学校、滋賀県立膳所《ぜぜ》高等学校といった地域の伝統校が目立つ。

このようにSSH事業は「選択と集中」を志向する点で、明らかに従来の初等中等教育行政とは異なる。2010年代はじめ頃の調査では、SSH卒業生の8割近くが理系学部を選択し、大学院進学率は6割であった。この大学院進学率は大学生全体の4倍、理系大学生全体の2倍となっている。このようにSSH事業は一部の高校に重点投資することで理系大学院進学者の確保に寄与している。ある幹部経験者が「科技系はロケットを宇宙まで飛ばすような仕事をしているから、皆が横並びで風船を飛ばすような仕事の仕方はしない」と語ったのが思い出される。

ただ文部系、科技系関係者は口を揃えてSSH事業が両者の協力事業の成功事例だというが、SSH事業以外で両者の協力関係が見当たらないからかもしれない。

低学歴国ニッポン

日本で高学歴者といえば、東京大学をはじめとする難関大学の学部卒業者のことを指すが、それは「学校歴」であって、学校段階を示す「学歴」の用語法としては誤りである。「大学院修了者は大学学部卒業者より高学歴」と表現するのが正しい。この本来の用途からみると、日本は世界的にみればすでに「低学歴」国となっている。

科学技術・学術政策研究所の調査から、２００８年と２０１７／１８年の比較をしてみると、日本は学士号取得者数については１００万人あたり四千数百人程度で各国と比較しても遜色ないが、日本だけは人文・社会科学分野の学士号取得者が減少している。

修士号取得者数についてみると日本は１００万人あたり５００人ほどしかなく、アメリカの２５００人、イギリスの４０００人弱と比べて大きな後れをとっているばかりか、この10年ほどで微減している。また、学士号同様、日本では自然科学のシェアが大部分を占めるが、他国では人文・社会科学のシェアも半分もしくは自然科学よりも大きい（フランス、韓国）。この修士号取得者数の少なさが日本の研究者育成のボトルネックとなっている。

博士号取得者では日本は他国と比べて修士号取得者ほど見劣りしないが、アメリカ、ドイツ、フランス、イギリス、韓国に後れをとっている。さらに２００８年から２０１６年（アメリカ２０１５年、韓国２０１７年）にかけて、フランスを除き各国の取得者数は大きく伸びており、日本だけは博士号取得者数が減少してしまった。その結果１００万人あたりでみると日本は１１８人（２００８年１３１人、以下同じ）であり、イギリス３６０人（２８６人）、ドイツ３５６人（３１２人）、アメリカ２５８人（２０５人）、韓国２７８人（１９１人）、フランス１７０人（１６９人）と比べるとたいへん劣位に置かれている。分野別にみると各国共通して自然科学が大きく、日本もその傾向が強いが人文・社会科学系は非常に少ないという特徴もある。

大学院教育を受ける人数が少なければ、社会で活躍する修了者はその分少なくなる。やや古いが、文科省の調査によれば、企業の研究者に占める博士号取得者の割合は、２００９年時点で日本は４％（２０１９年度で４・５％）であり、アメリカの10％と比較すると低い。企業の役員や管理職に占める大学院修了者の割合をアメリカと比較しても日本の「低学歴」ぶりがはっきりする。アメリカの上場企業の人事部長の14％が博士号（Ph.D.）取得者である。修士号も含めれば人事部長の６割、営業部長の５割、経理部長の４割が修了者である。これに対して日本の企業役員の最終学歴をみても、大学院卒の割合は６％に満たない。

日本では人文・社会科学分野の大学院修了者を社会が受け入れてこなかったが、その間に各国では社会の高学歴化が進行していた。問題を発見し、過去に学びつつ、解決策を模索し、粘り強く探求し結論に到達する。それを裏付ける分析能力と論文の形で表現する言語運用力は、大学院教育でこそ身につく。学部卒の学生が名刺の渡し方すら知らないと企業経営者が批判しているその瞬間にも、日本の低学歴化が進んでいく。文科省に至っては人文・社会科学軽視の風潮に抗しきれず、２０１５年６月には人文・社会科学学部の廃止を思わせる通知で、教員養成系学部・大学院、人文社会科学系学部・大学院について、組織の廃止や社会的要請の高い分野への転換を求め、関係者の意欲をそいでしまった。

「学振」はなぜ充実しないのか

研究者育成に中心的役割を果たす大学院を担当する文科省は、遅まきながら大学院生への経済的支援に力を入れはじめた。たとえば、科学技術政策の司令塔として、文科省など各省庁の一段上で政策を立案する総合科学技術・イノベーション会議の２０２０年１月の資料でも「研究力強化・若手研究者支援総合パッケージ」が打ち出され、優秀な博士課程の大学院生に対する経済的支援が模索されている。

文科省の事業で博士課程大学院生への代表的支援策の一つが「日本学術振興会特別研究員」制度である。この制度は博士課程の大学院生（ＤＣ）、博士課程修了者（ＰＤ）のうち優れた研究者に対して、自由な発想のもと主体的に研究課題をみつけて研究に専念するチャンスを与える目的で１９８５年につくられた。採用率はおよそ20％である。

研究業界では、採用された研究員のことを敬意を込めて「学振＝ガクシン」と呼ぶ。２０２０年度時点では博士課程学生に月額20万円、修了者に36万２０００円が支給される。これは奨学金ではなく、返済の必要がない給与と同じお金である。たしかにアルバイトをする必要が減るため、保護者からの支援抜きで研究に専念できる金額に思うだろうが、ここから博士課程の場合は学費（国立大学で約60万円）、社会保障費、税金を支払わなければならず、アルバイト等にも制限がある。結婚して子どもがいれば家計は厳しくなる。しかも2000年代以降、支給額がほとんど変わらない。DCでは2004年から、PDでは2010年から変わっていない。

たしかに、日本社会全体で所得が下がっているため、金額が変わらないことは実質引き上げの意味があるかもしれない。しかし、海外の高等教育の世界では諸費用が引き上げられており、大学周辺の物価も上昇傾向である。さらに円安基調も続いてきたため、日本学術振興会特別研究員がその研究期間中に海外の研究機関に滞在することは金銭的に難しくなってしまった。2000年代はじめはそうしたチャンスを活かし短期中期の滞在を実現していたのが遠い昔のようである。

とはいえ、日本学術振興会特別研究員制度は好ましいアウトプットを出してきた。2018年度に採用期間を終えた直後のPDの6割が常勤の研究職へ就職した。採用期間終了後5年後の状況となると、実に9割が常勤研究職に就いた(2013年度終了者)。この制度の充実、つまり採用者数の拡大もしくは支給金額の増額は好ましい結果をもたらすと考えるのが自然である。

ところが先の「研究力強化・若手研究者支援総合パッケージ」ではそうした現実解ではなく、各国立大学の節約によって捻出されたわずかな財源で若手研究者を細々と支援させる方向性が強調されてしまう。文科省にとっては、予算確保のための財務省との厳しい折衝を行ったり、総合科学技術・イノベーション会議で日本学術振興会特別研究員制度の拡充を打ち出すために官邸と調整したりするよりも、国立大学に負荷をかける方が簡単である。文科省の内弁慶ぶりが国立大学の自助努力をさらに促す構図がここでもみられる。

ポスドクの生活苦

ポスドクとは「ポストドクトラルフェロー」の略であり、博士号取得後のキャリア初期の若手研究者を指す。日本でポスドクが政策課題となったのは、大学院の定員が増えはじめた1990年代以降のことである。それまでは博士課程修了者はただちに大学や国立研究機関に就職することが多く、ポスドク問題は生じようがなかった。そもそも、特に人文・社会科学分野では博士号取得者がきわめて少なく、博士号を取得できずに留年・休学を重ねる「オーバードクター（OD）」問題の方が深刻だった。

1990年代以降、大学院の定員が増えた背景は「大学院重点化」だった。国立大学の予算の算定方法の一つは学生定員であり、大学院の学生定員の単価が大きかった。そこに注目した一部の国立大学が先んじて行ったのが大学院重点化である。2000年代にかけて進んだこの大学院重点化は旧帝国大学（北海道、東北、東京、名古屋、京都、大阪、九州）の7大学と一橋大学、東京工業大学を中心とした国立大学で行われた。これにより博士課程の大学院生数が急増し、就職先をみつけられない、今でいう「高学歴ニート」が問題となっていった。

1991年時点で10万人未満（修士7万人弱、博士3万人弱）だった院生数は、ピーク時には27万人を超え、2016年時点でも25万人弱と、大学院生の数はわずか10年ほどで2倍を超えた。これらの大学院生が修了後は社会に出ていくことになるが、その受け皿づくりに失敗した。もともと博士課程修了後の代表的進路は大学教員であるが、博士課程修了者が増加しても大学教員の採用数は増えなかった。両者の比率は1991年時点で1・1倍だったのが2013年時点で3・3倍に拡大した。

文科省も手をこまねいていただけではない。1996年には「第1期科学技術基本計画」が策定され、柱の一つに「ポスドク1万人計画」が盛り込まれた。先に紹介した「日本学術振興会特別研究員」制度がその中核に位置づけられ、拡充していった。計画の目標年度は2000年度に設定され、1999年に1年前倒しで達成したが、ポスドクの受け皿づくり（ポスト・ポスドク）に失敗してしまった。企業がポスドクを積極的に受け入れなかったため、低い給与水準で大学で細々と研究を続ける「ポスト・ポスドク」が続出したのである。さらには大学のメールアドレスと図書館利用権だけが付与される「無給ポスドク」もいる。

ポスドクの生活苦は「科学者の国会」と呼ばれる日本学術会議の調査でも指摘されており、２０１１年時点で生命科学系のポスドクの４割が年収４００万円未満である。それによると、住居手当が支給されていないポスドクは６割強、通勤手当が支給されないポスドクも３割強いる。半数が既婚者であるが、全体として、結婚生活、子どもをもつこと、そして住宅購入について悲観的である。

これに対してアメリカのポスドク給与をみてみよう。２０１５年のアメリカ国立科学財団（National Science Foundation：ＮＳＦ）による調査でみると、大学に雇用されたポスドクの平均年収が６万ドル、実業界で10万ドル、政府機関で８万５０００ドル、ＮＰＯで７万５０００ドルである。日本では存在価値すら認められない人文学のポスドクでも５万ドルから７万５０００ドルを得る。

出口の軽視

このように大学院教育を受けたポスドクが活躍の場を与えられることなく、苦しい生活を送るのが日本という国である。企業が大学院教育の価値を認めないのは今に始まったことではない。経営者が大学教育に批判的なある電機メーカーの初任給を例にみると、学士で21万円、修士で23・４万円、博士で25・１万円である。年間１万円昇給するとしたら、学士より

5年長く大学院教育を受けた博士の初任給は入職6年目の学士卒の給料よりも低いことになる。

文科省は研究者育成について大学院教育と大学の研究職としての雇用ばかりを念頭に置くが、ここに「ポスドク一万人計画」失敗の原因がある。まず、当時の文部省の資料をみると、ポスドクを1万人とする計画が達成されたことをもって成功の指標としていたようである。当時これを推進した一人である有馬朗人の講演資料でも同様である。さらに、驚くべきことに、当時、科技庁所管だった「第1期科学技術基本計画」では「ポスドク1万人計画」に関して、「産業界における処遇の改善を期待しつつ」という他人任せな表現が計画本文に入っていた。大学院教育の出口が課題となるのは明らかであるのに、当時の文部省は大学院定員や大学におけるポスドク雇用にばかり目を向けてしまった。ポスドクを社会で迎え入れる状況をつくる責任は各省庁の間を漂い続け、気づけばポスドク自身が漂流するはめになった。

文科省は、こうした入り口の数値目標の達成に力を注ぐ「インプット」重視の発想が根強く、アウトプットやアウトカムは軽視する。ポスドク問題でいえば、文科省はポスドクの人数を確保するための措置は重視するものの、ポスドク期間終了後の就職という「出口（アウトプット）」や学術・科学技術政策への「インパクト（アウトカム）」から目を逸らしている。これは、法科大学院が設置され大量の法曹人材が社会に輩出されても弁護士としての仕事が少ないため困窮する弁護士が現れたのと似ている。

さらに、ポスドク問題について、文科省は中央政府でやり玉に挙げられる立場にある。ポスドクの供給源は大学院教育の修了者だからである。こうして学術・科学技術政策の問題が、大学院という場での教育政策問題にいつの間にか変換されていく。文科省はこういう状況では国立大学頼みになる。国立大学もまた「文科省からの要請」という名の改革圧力に抗しきれず、ポスドクを大学で抱え込むことになってしまうため、企業の受け皿づくりという当初の目標はみえなくなる。本来は社会の宝であるはずのポスドクが、国立大学内で「不良債権」として抱え込まれることになる。しかし、そのわりに、文科省も国立大学も、博士課程の学生の受ける教育内容を改善し企業の人材ニーズとのミスマッチを解消することには及び腰である。

国立大学協会の資料によると、２０１６年度の国立大学教員のうち40歳未満の教員の雇用形態は任期つきが６割、任期なしが４割となっている。２００７年度は任期つきが４割、任期なしが６割であったから、不安定な雇用形態が増えていることがわかる。

文科省では企業とポスドクの橋渡しが難しいのであれば、経産省なり農水省なり他省庁に委ねるべきであるが、そうならないところに問題の根深さがある。文科省は大学に対するグリップが強いため、官邸や他省庁からみれば文科省を通じた大学の「間接統治」が可能と映る。他省庁が文科省のかわりに困難なポスドク問題に手を突っ込まずに済むのは「間接統治」のメリットである。このように、文科省の国立大学に対する「内弁慶」ぶりと官邸や他省庁に対する弱い立場が相まって、国立大学に対するプレッシャーだけが強まることになる。こうした構造は、第4章第3節でみた、教育委員会に対する文科省の優越的な立場を利用した「間接統治」と共通している。

先細る研究者の海外挑戦

研究者育成のうえで大切な柱の一つが海外経験を積ませることである。海外経験からは、学術・科学技術の「共通言語」である英語を使う環境に身を置くことをはじめ、得るものが大きい。

かつて国立大学の教官には「在外研究員制度（在研《ざいけん》）」という魅力的な制度が用意されていた。国立大学法人化に伴いこの制度は廃止されたが、2020年時点の50歳代まではこの制度の恩恵に浴した人も多い。資料の残っている1981から1983年度についてみると、毎年285人を10ヶ月以上1年以内、海外の研究機関に派遣した。国費から支給されたのは往復の航空運賃、支度料及び日当、宿泊料である。ある在研経験者によれば、現代のように通信手段が発達していなかった当時のことであるから、在研にいったん出れば日本からの連絡に煩わされることなく研究に集中する環境に浸れたそうである。在研には大学別部局別に枠が設けられ、年齢、職位、経験年数などが考慮され派遣者が決められた。

これに対して現在は在研のような仕組みはない。これに似た制度が２０１５年度から始まった科研費の一つ「国際共同研究加速基金」による国際共同研究強化事業である。研究計画が採択された場合、６ヶ月から1年間海外の研究機関で研究に従事できる。支給されるのは最大で１２００万円であり、現代の貨幣価値で欧米をはじめとする海外でなんとか1年間滞在できる額である。２０２０年度までの1年平均で、１７９件が採択されている。件数自体は「在研」と比べてさほど遜色ないが、具体的成果を求められ単なる留学とは異なる点で、現在の仕組みのほうがハードルが高い。

間接統治の構図

現在、学術・科学技術政策はイノベーション政策と同じ方向を向いている。イノベーション政策とはＡＩやロボット技術を活用して新しい社会をつくろうとする政策であり、イノベーション政策の先には産業政策がある。つまり、学術・科学技術政策は経産省の影響を受けやすい。経産省は科技系以上に「選択と集中」を志向するから、研究分野の絞り込みばかりか、国立大学の統合すら大歓迎というスタンスである。２０１５年の「産業競争力会議」の

「新陳代謝・イノベーションワーキンググループ」の資料にも、大学間の連携や連合を積極的に促進する制度設計が必要という表現で、明確に示されている。

文科省は、国立大学を教育や学術の場ではなく、科学技術、イノベーション、産業政策に貢献するアイデアの「孵卵器」として扱う圧力に晒されている。文科省の人材育成がいつまでも大学（アカデミア）に固執しているため、ポスドク問題のように行き場を失う専門人材が多数出てくる。その結果、博士課程の進学者数は世界各国のなかで日本だけが減少するという惨状を呈している。

また、財務省からの学術・科学技術政策に対する削減圧力も強いが、文科省はそれに対しても有効に反論できない。特に国立大学法人運営費交付金に対する削減圧力は強まっているため、教育研究評価に基づいて配分額が変わる仕組みの導入を余儀なくされたうえ、そうした評価分の割合が高まる情勢である。

文科省を親、国立大学を子と例えるならば、第3章第3節でみたように、文科省には国立大学法人化に伴って子の自立を促しきれなかった責任がある。法人化後15年も経過するのに法人化のメリットを感じられないばかりか、その主導者から失策だったと回顧される状況は憂慮すべき事態である。

財務省からは常に、国立大学法人運営費交付金が国立大学の収入に占める割合が高いことを批判される。すでに指摘したとおり、なぜ大学の自己収入の増加を促すことができなかったか疑問である。さらに、最近では若手教員比率が低いことが国立大学、ひいては日本の学術・科学技術の足腰を弱めていると批判を受けるようになったが、それに先だって教員の退職年齢を国立大学が横並びで引き上げたことに文科省と国立大学は責任を感じていないようだ。

文科省は、他省庁からの批判を受けると、国立大学に小言を言うように改革をさせるものの、それは「縮小均衡」と「ジリ貧」を招き、本当に子が自立するようにはしてこなかった。ポスドク問題一つとっても、年収２００万円台、３００万円台の生活苦にあえぐ高学歴者の問題を正面から見据えてきたとはとてもいえない。この文科省と国立大学のぬるま湯的関係と、それを官邸や他省庁がうまく使った「間接統治」が続く以上、国立大学が学術・科学技術の中心地に返り咲くことはないだろう。

産業界は学術・科学技術人材の育成を大学に期待し、大学を所管する文科省はその期待に応えようとして大学にばかり負担をかけている。なぜならば、政府は大学に対する予算を削減し、企業は博士号取得者の雇用を重視しないから、文科省は大学へ矛先を向けるしかない。先細る学術・科学技術人材育成の姿は、そのまま日本の学術・科学技術の凋落した姿でもある。

＊

本章は、学術・科学技術政策の観点から大学の人材育成機能をみてきた。初等中等教育を中心とした教育政策分野と比較すると、産業界は大学の人材育成に対してかなり強く要望している。このような要望を受け、官邸が旗振り役となって文科省を動かす原動力となる。「間接統治」が大学における学術・科学技術人材育成分野で目立つ背景には、企業の競争力低下という切迫した状況があり、経済政策に強い利害をもつ官邸も力を入れるからだろう。しかし、このような「間接統治」をいつまでも続けてよいわけではない。いずれ早晩、国立大学は音を上げる。そのとき官邸や他省庁が国立大学に救いの手を差し伸べる保証はない。文科省は国立大学の自立を促し、将来を担う人材育成機能を持続させる責務がある。

終章　日本の教育・学術・科学技術のゆくえ

外に弱く、内に強く

日本の教育・学術・科学技術の凋落と政策の混乱を文科省の責任だと批判するのはたやすいが、ここまでみてきたように文科省と他省庁、官邸、そして外部主体との関係やその変容に目を向けることで、初めて日本の教育・学術・科学技術の処方箋が書けるようになる。

少子高齢化や税収不足で社会保障費や国債費がますます増え、「明日のパン」に事欠く人々が増えた社会では、すぐに経済成長に結びつきにくい教育・学術・科学技術は削減対象になりやすい。しかし国力の源泉でもある教育・学術・科学技術は政治の関心を集める分野でもあるから、政治家は自らを改革者として演出するために改革を叫ぶ。文科省は財務省との折衝で教育・学術・科学技術予算を漸進的に決める今の仕組み以外にないと思い込んでいる。そのため、予算がないのに「世界に伍する教育」を達成するというおよそ実現不可能な目標が設定されてしまうが、政治家や官邸は改革の具体化を文科省に丸投げできるから、それでかまわない。

他方、文科省は厳しい立場に追い込まれる。たとえば、教育政策の機会均等原則が改革機運に押されて徐々に崩されていったのは、その典型例である。旧文部省以来の教育政策の基軸だった機会均等原則は揺らぎ、競争志向の制度改革が求められていった。義務教育費国庫負担金、国立大学法人運営費交付金の削減は、まさにこうした流れに沿ったものである。こうした文部系のアイデンティティそのものだった制度群はすっかり弱体化していった。

それでも文科省は教育界や国立大学に対しては強い立場を維持している。予算が削減されれば文科省への依存傾向はますます強まるからだ。さらに2015年には、教育委員会制度と国立大学法人制度が改革され、教育長と学長のリーダーシップが強化された。これは教育委員会と国立大学の自律的運営を目的とした改革であるが、予算削減の続く時代にあっては教育委員会と国立大学内のトップ（教育長、学長）への集権化が進んだことで、組織内の抵抗を排除しやすくなり、限られた予算を求めて文科省への従属が進行した。特に、文科大臣が学長の任命権限をもつ国立大学で文科省への従属ははなはだしい。

文科省がどこまでこういう帰結を予測したかはわからないが、政治学者の牧原出《まきはらいずる》がいう「制度の作動メカニズム」に思いが至らなかったのはたしかである。

「間接統治」が変わらない理由

文教族は世代交代を経て改革志向となった。教育の機会均等を保障する制度の維持ではなく、その廃止を含む制度改革から利益を得る発想に代わった。税金の使い方でいえば、公共部門の直営ではなく民間企業への外注を好むようになった。こうして文教族と企業の結びつきが深まっていき、「外注（業務委託）」という政府全体の政策基調と合流していった。今でもそれなりに大きい教育分野の「市場開放」は企業に旨味《うまみ》をもたらす。文科省が業界に対してもつ強みをむやみに破壊せず温存し、それをうまく活用する方が得策である。そう考えるのは文科省の背後にいる官邸、他省庁、政治家、財界である。

本書ではこの構図を「間接統治」と呼んだ。待鳥聡史が指摘するように、官邸主導が及びやすい中央省庁や与党と比較して、地方自治体には官邸主導が及びにくい。なぜなら、地方分権改革が進んだ結果、地方自治体、首長の中央政府からの自律性が高まったからである。

ところが、教育については、文科省が教育委員会をしっかり掌握し、学術・科学技術を担う国立大学も文科省が「直轄」している。そのため、文科省を通じた「間接統治」がうまく機能しやすい。これほど効率的な「間接統治」の仕組みは簡単に変わらない。

教育・学術・科学技術の世界のなかで競争をさせたければ、文科省を通じて限られたパイをめぐる熾烈な「分捕り合戦」をさせればよい。その具体的シナリオを描くのは文科省であるから、「間接統治」する側は何も苦労はしないし、文科省自身も教育委員会・学校や国立大学に努力を促せば済むから、実のところなんら痛痒《つうよう》を感じない。もともと官邸や文教族を通じて文科省に示される改革目標は曖昧であるし、文科省にはその実行のためのコスト計算も疎《おろそ》かにする「ロジスティクス」軽視、「前線」依存の組織文化があるから、教育委員会・学校や国立大学にだけしわ寄せが及ぶ。

不幸なことに、文科省のこうした思考と姿勢に注意を促す外部主体がいない。教職員組合は本来、文科省を叱咤《しった》激励するべき存在だが組織率が低下し弱体化してしまった。教育学者は「エビデンスの罠《わな》」に囚《とら》われてしまい迷走している。多くの教育学者はエビデンスが政治家や各省庁に都合よく使われる危険性に気づかず、エビデンス重視の流れに無批判に乗ってしまい、その結果、文科省の挙証責任ばかりが求められるようになった。教育メディアは改革の紹介記事を特集するが調査報道は不十分で、多くは「提灯《ちょうちん》記事」の域を超えない。他方、改革に対する批判の多くが感情的で、何らかの学術的知見に裏付けられたものではない。

飲み込まれていく構図

「間接統治」がうまくいくためには、文科省が教育委員会・学校と国立大学を意のままに動かす状態が必要である。予算削減は教育委員会・学校や国立大学の文科省に対する依存度を高め、図らずも文科省による統制が効きやすくなった。さらに「間接統治」を有効にしたのが「政策の包摂」だった。文科省が設置され、省内で科技系の存在感が増すにつれて、従来実用性から距離を置いた「学術」の中心地だった国立大学が、実用性を重視する「科学技術」の「孵卵器」として期待されるようになった。さらに、日本の人口減少、競争力の低下を受けて起死回生の一手として期待されているのが生命科学、ＡＩ、そしてロボット技術である。これらに代表されるイノベーション政策やその背後にある産業政策が、科学技術政策と学術を着々と飲み込みつつある。文科省の文部系が科技系と融合し、さらに包摂され、ついには経産省、官邸に併呑《へいどん》された構図がみえてきた。

教育政策に目を向けても、義務教育から高等教育までが一本の線で結びつき、以前よりも「間接統治」が容易になった。現在進んでいる例が教育政策のＩＣＴ化であり、民間企業への外注と表裏一体である。コロナ禍対策で経産省が「EdTech（エドテック）」のかけ声の下、教育コンテンツを紹介するポータルサイトを開設したのは、企業を教育分野に参入させようとする発想を考えるうえできわめて示唆的である。

こうして教育・学術・科学技術に関する政策分野はいずれも文科省を通じた経産省、官邸の「間接統治」の対象となった。文科省の能力の低さだけではなく、文科省とそれを取り巻く主体との関係から考えることで、現在の教育・学術・科学技術の姿が理解できる。

「間接統治」の「旨味」は、官邸の主である首相が代替わりしても忘れられることはないだろう。むしろ経産省以外の他省庁、その他の政治主体も教育・学術・科学技術の「間接統治」を目論む流れが強まっていくだろう。総務省は学校でのICT活用の主導権を経産省から取り戻そうとするかもしれないし、財務省は効率的（安上がり）な教育政策をさらに実現しようとするかもしれない。また、学校の抱える多種多様で大量の個人データは、マイナンバーを通じた国民管理にはうってつけである。たとえば生徒個人の成績データや問題行動データ（暴力・暴言など）を犯罪抑止に使おうとすることは十分ありえる。

教育・学術・科学技術の「開国」を

教育・学術・科学技術の「間接統治」化によって最前線にしわ寄せが及び、現状のままだとこれらの分野の凋落がさらに進むのは必然である。文科省はもともと政策実施責任から免

図表 6-1　理解と協力が得られやすい相手（上位）

	1位	2位	3位	4位	合計
与党「族」議員	24.0	24.0	16.0	10.7	74.7
審議会、諮問委員会等	25.3	21.3	14.7	10.7	72.0
関連団体	21.3	20.0	14.7	16.0	72.0

出典）青木栄一編著『文部科学省の解剖』261 頁より作成

れるように振る舞ってきたし、「間接統治」主体の官邸や他省庁に至っては、もともと文科省の担当分野に直接の責任はないため、政策が失敗しても、ほおかむりして逃げられる。

「間接統治」の問題とは、責任主体がみえにくく誰も責任をとらないことである。政策実施までを考えない無責任の体系ができてしまっており、さらに悪いことにある主体が退場してもまた別の主体が「間接統治」を狙い参入を図り、キリがない。文科省はそうした外圧に常に手を焼くことになる。頓挫した2020年度の大学入試改革やコロナ禍での9月入学騒動を想起すれば、国民にとって「間接統治」による無責任体系が望ましくないのは明白である。文科省にはこれまで以上に国民の目の届くところで政策論議に主体的に参画し、その役割を果たすことが望まれる。

端的にいえば、「間接統治」を温存する構造を打破するために、文科省が内輪の世界に閉じこもる「業界」論理から脱却して、外の世界に「打って出る」ことが肝要だ。現時点では図表6-1にみられるように、文科省職員は与党「族」議員、審議会・諮問委員会、関連団体といった身内ばかりとの付き合いを重視しているが、これを打破すべきである。

第1に、文科省は自ら「金目の議論から逃げない」姿勢を打ち出し、業界の体質を変えるよう努力を促すべきである。具体的には税金に依存する傾向が強い業界の体質を反省することが必要である。文科省は義務教育費国庫負担金、国立大学法人運営費交付金という制度に守られ安住してきたから、その削減が始まっても右往左往するばかりである。教育委員会と国立大学の関係者は、予算が教職員や児童生徒学生の頭数で配分されてきたため「宛てがい扶持《ぶち》」の発想から脱却できない。危機感はあってもそれを具体的政策提案や制度設計につなげられないから、政府に要望を届けるロビイング（要望）活動やそれを支えるシンクタンクの必要性、重要性に気づいていない。

第2に、文科省は必要な資源（予算と人員）を正々堂々と要望し、社会にもその必要性を理解してもらうことである。「ロビイング活動から逃げない」ことが必要である。文科省の組織は霞が関最小規模である。2020年のコロナ禍対策を振り返ると、文科省は休校対策で手一杯のところに9月入学の議論に対応する余力はなかった。「9月入学騒動」は、文科省に組織のマンパワーを超えた業務を担わせ、組織の活動を阻んだ点で相当深刻な影響をもたらした。これを「政治災害」と表現する論者もいるのは納得できる。教育委員会や学校もまた人員不足に苦しんでいるし、学校の働き方改革も着手されたばかりである。大学も同様に人員不足であえいでいる。このように教育・学術・科学技術の世界には余力がないから、何か問題が起こるたびに泥縄式対応を迫られる。

通常業務の処理すら覚束なければ、緊急時対応ができないのは当然である。自らの業務を振り返り必要なスリム化を図りつつ、人員、予算などの資源を得る努力をすべきである。

そして、第3に、文科省は「政治から逃げない」ことである。これまで教育界は教育の「政治的中立性」をひたすら叫ぶばかりであった。それは文科省（文部系）、教育委員会、教職員団体、保護者、教育学者、教育マスコミすべてに当てはまる。『政治的中立性』を叫ぶ政治性」には口をつぐむ自らの姿勢を自覚すべきである。文科省の歴史を振り返れば気づくように、社会の諸勢力の政治的対立の解としてできあがったのが、教育委員会制度、義務教育費国庫負担制度である。少なくとも、戦後の制度設計に従事した「戦後文部省第一世代」はそうした政治的対立に身を置き制度設計に携わった。文科省をはじめとして教育界は「政治闘争から逃げるべきではない」し、それは学術、科学技術関係者も同様である。

また「政治」にはもう一つの側面がある。「政治的支持連合づくりから逃げない」ことである。文科省が設置されてからも、義務教育費国庫負担制度の廃止が具体化しそうになった際には、文科省は首長に対する必死の説得活動を行った。文科省が教育委員会や国立大学といった「なじみ客」以外に「営業活動」を行うのは珍しい。さらに進んで社会に対して、教育・学術・科学技術に対する理解と支援を求めるようなねばり強い動きが必要だ。2020年10月に日本学術会議の会員任命をめぐって世論が学術界に対して批判的だった理由を考えれば、地道な「営業活動」の重要性に気づくはずである。社会からそっぽを向かれた状態でいくら「中立性」を叫んでもむなしいだけである。

こうした姿勢があれば、「間接統治」からの脱却も夢ではないかもしれない。

霞が関のシンクタンクから日本のシンクタンクへ

さて、こうした「逃げない」姿勢は文科省単独で実現できない。実現のためには専門的知見を蓄積し、文科省を応援する「シンクタンク」のような主体が多数必要である。文科省は職員の人事異動があるから、実務知識も、それに関連する学術的知見も蓄積されないし、人員不足と官邸主導のもとでは政権与党のシンクタンクとして機能しにくくなっている。また、教職員団体、教育長関係団体、校長会、国立大学協会といった団体は「陳情団体」であり関係者の「サロン」ではあっても、シンクタンクではなかった。業界自身が思い描く教育・学術・科学技術の「特殊性」が外部に対する説得材料にならないことを認識せず、ここまできてしまった。疲弊し閉塞する社会は教育・学術・科学技術をもはや「聖域」とみなしてはくれない。

しかし、文科省、政治家、業界関係者、学界、マスコミ、産業界が少しずつ協力し合ってシンクタンクを複数つくれば状況を変えられるのではないか。そのためにも各主体の足腰から鍛え直す必要がある。端的にいえば大学院での再教育である。まず、文科省が学術、科学技術政策を担う組織でありながら博士号をもつ職員が少ないのは違和感を覚えてしまうし、それは国立大学や教育委員会の職員にも当てはまる。また、メディア関係者についても同様で、記者発表を鵜呑《うの》みにして調査報道が少ないのは、大学院でトレーニングを受けていない記者が多いのも一因ではないか。政策論議を支えるのは、思い込みではなく事実に基づく調査分析能力であり、それを身につけられる大学院教育を受けた人材が教育・学術・科学技術政策の世界に増えていくとよい。

こうした教育・学術・科学技術の関係者がしっかりした研究に基づく政策論議のフォーラムをつくれれば、批判する側もまた単純で感情的な批判では済まなくなる。そうなれば、お互いの政策論議はかみ合っていくはずであり、お互いの競い合いのなかで政策が磨かれていく。文科省が一部の政治家の思いつきに右往左往させられ、社会の憎悪に晒される状況を打破するにはこうした迂遠にみえるけれども実効性のある取り組みが必要である。

また、官界と外の世界を往復する職員が増えていくことも望ましい。いったん霞が関から退出して、外の世界でキャリアを積んでから舞い戻る「回転ドア」を行き来する官僚がいてもいい。そのための「受け皿」の一つがシンクタンクである。

こうしたシンクタンクづくりを支えるのは資金である。アメリカの例でたとえるならば、分析能力のあるスタッフを雇用するため、ポスドク一人に年収500万円以上を保証し、そうした人材を多数抱えることのできる資金力が必要である。税金にばかり依存せず資金提供者を探す努力もまた、教育・学術・科学技術業界には求められる。そしてその先には、小異を捨てて大同団結するような政治的センスも問われていく。

シンクタンクに期待される役割は「ロビイング活動」以外にもある。フェイクニュースに代表されるように、世論形成の手法は年々巧妙化している。日々垂れ流される情報の「ファクトチェック」は本来メディアの役割であるが、現状では期待薄である。さらに教育・学術・科学技術の重要性に対する理解と敬意が社会から急速に失われつつあるから、教育・学術・科学技術の必要性や成果をわかりやすく社会に訴えかける仕事（アドボカシー活動）も大切である。

このようなシンクタンク活動の中心として期待できるのは、長年霞が関という狭い世界に押し込められてきたものの、実際には組織運営能力、政治的センス、ファンド・レイジング技術といったロビイング活動に不可欠な経験と技能を蓄積してきた、文科省をはじめとする中央省庁の職員ではないか。働き方改革が成功し、週に1日程度の公務員の兼業が緩和されていけば、せめて非常勤であっても中央省庁の職員たちがシンクタンクに集って力を発揮してくれるのではないか。すでに退官した元職員も第二の人生で経験を還元してくれるとよい。これは買いかぶりに過ぎるかもしれないが、四半世紀ほど文科省を中心に官僚制を研究してきた筆者なりの現時点での願いである。

あとがき

筆者が教育に初めて興味をもったのは小学生の頃だった。父方の祖母・栄と母方の祖父・太一が戦前に教師として奉職していた影響があったのだろう。登校中に学校と社会との距離について自問自答したのは中学生の頃だった。高校時代に文部省キャリアを主人公にした漫画と出会い、ようやく文部省という組織の存在を認識した。受験を控え進路を考える時期になってみて、教育行政学という分野を学べる大学があるらしいとわかり、幸いなことに希望どおりになった。自身の進路として文部省を漠然と考え、東京大学の学生にはよくあるように国家公務員試験に向けて自学しはじめたものの、なんとなく身が入らないまま、教育行政学の研究に興味が移ってしまった。博士号を取得したあとで、文部省、文科省の組織や人事に関する研究に着手した。2000年代前半は筆者と同じ研究分野の多くの人が、文科省のことを文部省とよく言い間違えたのを覚えている。

二つのポスドクを2年4ヶ月経験した後、文科省の所轄機関である国立教育政策研究所

（国研《こっけん》）に、任期なしポストを初めて得ることができた。6年7ヶ月の在職中に文科省職員の方にはたいへんお世話になり、図らずも内部から参与観察をすることができた。国研職員の特権を活かして、三位一体の改革の時期には中教審の傍聴に勤《いそ》しんだ。在職後半には、研究所が目黒から虎ノ門の文科省庁舎へと移転したのを見届けた。同じ庁舎に同居すると文科省職員の方が身内扱いをしてくれるようになったと感じ、移転前よりもさらに参与観察の機会は増えた。仕事の関係から文部系の方々とのご縁がたいへん深まった。

その後、現在の職場の東北大学へ教育行政学担当教員として異動することになり、国家公務員から法人職員となった。東京から離れて仕事をしてみると、仙台と東京の距離感が、客員研究員として2度滞在したオックスフォード大学とロンドンのそれと似ていると実感するようになり、文科省をある程度客体化できると思いはじめた。他方で、文科省の会議体委員や委託研究は国研時代と同じように引き受けてきた。本書は基本的に公開された情報に依拠して書かれたが、とりわけ「霞が関文学」ともいわれる「作品群」の解釈に必要な「語彙」と「文法」は、これまでの研究者としてのキャリアを通してある程度身につけられたものである。そして幸運なことに、本書執筆の途中で科研費の国際共同研究加速基金（国際共同研究強化）17KK0042の助成を得て、コロンビア大学ティーチャーズカレッジに滞在することができ、日本の状況を離れた場所から考える機会を得た。給特法の国会審議中継を固唾《かたず》をのんで深夜に視聴したのが懐かしい。小学生の頃には想像もしなかった形で、文科省を媒介として、教育に関する筆者の考えを世に出すことができた。

筆者の来し方と専門分野の影響から、本書の視点が文部系、そして義務教育中心に置かれているのはたしかである。さらに、文部系への思い入れがややにじみ出ているかもしれない。ただ、なるべく高校教育、大学教育（高等教育）、そして学術・科学技術分野も扱い、バランスよく文科省を記述しようと努めた。

本書の執筆を通じて初めて文科省が旧文部省とはまったく異なる組織だと実感できた。ここまでに指摘したとおり、旧科技庁との統合の意味はたいへん大きい。旧科技庁に比べて一般になじみの深かった旧文部省の延長線上に文科省を置く考え方には、文科省の真の姿を理解するうえで注意が必要である。統合後20年間で旧文部省と旧科技庁は融合し、統合前のそれぞれの組織とはまったく異なる姿となったと考えることで、教育政策、学術政策、科学技術政策の変容の背景がわかるはずだ。

なお、第5章第2節で紹介したように、日本では私立大学のシェアが大きく、特に都市部の大規模私大が学生数の面で日本の高等教育を支えている。それと車の両輪をなすのが、研究ではなく教育を中心に担っている地方国立大学である。本書では学術・科学技術の場としての国立大学に注目したが、高等教育機関としての大学の全体像については今後考えてみたい。

文科省を正面から扱う本書のような書籍を、研究者、しかも国立大学に籍を置く教育行政学の研究者が出版するのは、これまでなかったことである。本書の草稿段階ではどこか遠慮した書きぶりが目立った。不思議なもので、そうした遠慮は観察のレンズを曇らせていたようである。それに気づいてからは、ある種の覚悟のようなものすら胸に秘めた執筆作業であった。

筆者は個々の組織、特に中央省庁やその所管政策、職員個人を批判するつもりはなく、それらの合成物としての教育政策、学術政策、科学技術政策の姿を描いたことはここで強調しておきたい。むろん、本書で意見にわたる部分は筆者の個人的見解である。

＊

本書が世に出るまでに、本当に多くの方にご支援いただいた。すべての方のお名前をあげられないのはまことに残念であるが、ご容赦いただきたい。官僚制としての文科省に関心を寄せていただき、筆者が代表者となった科研費15H03306プロジェクトに参加していただいた北村亘《わたる》、曽我謙悟、伊藤正次、手塚洋輔、村上裕一、河合晃一《こういち》の各氏、そして、その際実施した文科省サーベイやインタビューにご協力いただいた職員、元職員の皆様にお礼を申し上げたい。何より官僚サーベイのノウハウを伝授いただいた村松岐夫《みちお》先生には心より感謝申し上げる。大臣答弁のデータ分析については、池田峻《しゅん》氏、伊藤愛莉《あいり》氏に助力をいただいた。

入稿直前の草稿に対して、曽我謙悟氏と合田哲雄《ごうだてつお》氏からコメントを頂戴した。年末年始のお忙しい時期に無理をお願いしたが、おかげで筆者の思い込みをただすことができた。あらためてお礼を伝えたい。

一般書を書くのが初めてだったため、執筆はまったく思うように進まなかった。やたらと肩に力が入り、かえって妙に軽い書きぶりになってしまったり、細かすぎる記述に陥ってしまったりもした。編集長の田中正敏氏に執筆のお話をいただいてから刊行まで3年近くお待たせすることになってしまった。田中氏の絶妙なタイミングでの激励と、草稿への的確なコメントのおかげでなんとか刊行できた。いつも強調していただいた、読者に伝えるための書き方をこれからも意識したい。

＊

あれこれ原稿やプロジェクトを抱え、自転車操業をしている筆者にとっては、家族に対して大きな負債を抱えている。特に、本書は渡米前に仕上げる予定だったが、かなわずニューヨークに持ち込むことになり、せっかくの長期滞在での家族との時間を削ることになった。さらに、コロナ禍で自宅での執筆時間が増えたため、家族にはいつも以上に支えてもらった。

妻と息子には迷惑をかけっぱなしの不出来な夫であり父であるが、ここに感謝の気持ちを伝えたい。

2020年12月

青木栄一

参考文献

21世紀COEプログラム東京大学大学院教育学研究科基礎学力研究開発センター編集（2006）『日本の教育と基礎学力』明石書店
21世紀行政機構研究会（1999）『一目でわかる！中央省庁等改革』国政情報センター出版局
青木栄一（2004）『教育行政の政府間関係』多賀出版
青木栄一（2013）『地方分権と教育行政—少人数学級編制の政策過程』勁草書房
青木栄一（2014）「独立性からみた地方教育行政の制度設計上の論点」『自治総研』432、26-52頁
青木栄一編著（2019）『文部科学省の解剖』東信堂
赤池伸一（2019）「科学技術政策の歴史と今後の課題—次期科学技術基本計画の策定に向けて」『情報の科学と技術』69（8）、358-363頁
有薗裕章（2010）「『高校無償化』の意義—公立高校授業料不徴収及び高等学校等就学支援金支給案」『立法と調査』302、17-24頁
有安洋樹（2020）「文部科学分野における現下の諸問題」『立法と調査』421、83-96頁
飯尾潤（2007）『日本の統治構造—官僚内閣制から議院内閣制へ』中公新書
飯吉弘子（2008）『戦後日本産業界の大学教育要求—経済団体の教育言説と現代の教養論』東信堂
石井和雄（1974）『文部省』教育社
石山茂利夫（1986）『文部官僚の逆襲』講談社
市川昭午・林健久（1972）『教育財政』東京大学出版会
一般社団法人国立大学協会（2018）「国立大学法人基礎資料集」
伊藤愛莉（2019）「1968年教育公務員特例法の一部を改正する法律案の立案過程」『教育制度学研究』26、54-72頁
伊藤愛莉・青木栄一（2019）「はせ浩オフィシャルブログ『はせ日記』を用いた馳浩文部科学大臣の行動分析—2015年10月7日から2016年8月3日の対官僚接触853事例を中心に」『東北大学大学院教育学研究科研究年報』68（1）、17-39頁

参考文献

伊藤正次（1997）「公立高等学校入学者選抜政策の比較分析―高度成長期・革新自治体期の京都府と東京都を対象として」『本郷法政紀要』6、63-94頁
伊藤正次（2019）「組織間関係からみた文部科学省―『三流官庁』論・再考」青木栄一編著『文部科学省の解剖』東信堂、75-96頁
稲垣浩（2015）「組織と人事をめぐる府県行政の戦前と戦後―戦後内政・府県行政の変化と『非公式制度』の形成」『北海学園大学法学部50周年記念論文集』427-464頁
梅原英治（2006）「『三位一体改革』とは何だったのか（Ⅱ）」『大阪経大論集』57（3）、1-28頁
榎孝浩（2013）「科学技術イノベーション政策の司令塔機能の現状と課題」『レファレンス』63（11）、99-121頁
大田弘子（2006）『経済財政諮問会議の戦い』東洋経済新報社
大塚雄作（2020）「共通試験の課題と今後への期待―英語民間試験導入施策の頓挫を中心に」『名古屋高等教育研究』20、153-194頁
大橋弘（2015）「『新しい産業』政策と新しい『産業政策』」『RIETI Policy Discussion Paper Series』15-P-020、1-30頁
大畠菜穂子（2015）『戦後日本の教育委員会―指揮監督権はどこにあったのか』勁草書房
大森不二雄（2000）『「ゆとり教育」亡国論―現役文部官僚が直言 学力向上の教育改革を！』PHP研究所
小川和孝（2017）「日本社会における教育政策への人々の選好に関する研究―公的支出の水準／配分の区別に焦点を当てて」『教育社会学研究』100、225-244頁
小川正人（2010）『教育改革のゆくえ―国から地方へ』ちくま新書
荻原克男（1996）『戦後日本の教育行政構造―その形成過程』勁草書房
小野元之（2019）『教育委員会の活性化―元文部科学事務次官 小野元之の直言』悠光堂
小野方資（2009）「『全国学力・学習状況調査』政策の形成過程―政策評価制度とのかかわりで」『東京大学大学院教育学研究科教育学研究室研究室紀要』35、9-21頁
小野方資（2015）「教育政策形成における『エビデンス』と政治」『教育学研究』82（2）、241-252頁
尾見幸次（1996）『科学技術立国論―科学技術基本法解説』読売新聞社
尾見幸次（2003）『科学技術で日本を創る』東洋経

済新報社
貝塚茂樹（2019）「道徳の教科化をめぐる教育政策の歴史的検討―教育改革国民会議から教育再生会議まで」『武蔵野大学教養教育リサーチセンター紀要』9、127-144頁
香川県教師集団（1965）『学テ日本一物語』明治図書出版
金井利之（2018）『行政学講義』ちくま新書
金澤一郎（2009）「『科学技術』から『科学・技術』へ」『日本学術会議同友会会報』31号、2頁
金子元久（2007）「学力の目標・成果管理がもたらすもの―『学力政策』の射程と公教育の亀裂」『日本教育政策学会年報』14、55-68頁
苅谷剛彦（2009）『教育と平等―大衆教育社会はいかに生成したか』中公新書
苅谷剛彦・志水宏吉・清水睦美・諸田裕子（2002）『調査報告「学力低下」の実態』岩波ブックレット
河合晃一・大谷基道編（2019）『現代日本の公務員人事―政治・行政改革は人事システムをどう変えたか』第一法規
河上亮一（2000）『教育改革国民会議で何が論じられたか』草思社
川口俊明（2020）『全国学力テストはなぜ失敗したのか―学力調査を科学する』岩波書店
川崎祥子（2018）「学校における働き方改革―教員の多忙化の現状から考える勤務時間制度の在り方」『立法と調査』404、70-83頁
神田眞人（2012）『強い文教、強い科学技術に向けて―客観的視座からの土俵設定』学校経理研究会
神田眞人（2016）『超有識者達の洞察と示唆―強い文教、強い科学技術に向けて〈Ⅱ〉』学校経理研究会
神田眞人（2018）『超有識者達の慧眼と処方箋―強い文教、強い科学技術に向けて〈Ⅲ〉』学校経理研究会
神林寿幸（2017）『公立小・中学校教員の業務負担』大学教育出版
官僚機構研究会編（1978）『文部省残酷物語―霞ヶ関の「御殿女中」と呼ばれる文部官僚の保身と陰謀』エール出版社
北村亘（2020）「日本の行政はスリムすぎる」『中央公論』134（10）、42-51頁
教育社編（1979）『便覧 文部省』教育社
紅野謙介（2018）『国語教育の危機―大学入学共通テストと新学習指導要領』ちくま新書
合田哲雄（2019）『学習指導要領の読み方・活かし方―学習指導要領を「使いこなす」ための8章』教育開発研究所
国政情報センター出版局編（2000）『省庁再編ガイ

ドブック〈政府案版〉』国政情報センター
小西砂千夫（2020）『地方財政改革の現代史』有斐閣
小林美津江（2017）「高等教育へのアクセスの機会均等を目指して―教育無償化と奨学金」『立法と調査』393、3-14頁
小林淑恵・小野まどか・荒木宏子（2015）「スーパーサイエンスハイスクール事業の俯瞰と効果の検証」『DISCUSSION PAPER』（文部科学省科学技術・学術政策研究所第1調査研究グループ）117
佐藤郁哉（2019）『大学改革の迷走』ちくま新書
塩見みづ枝（2015）「大学のガバナンス改革に関する学校教育法等の改正について」『大学評価研究』14、17-24頁
柴田匠（2010）「なぜ犬山市教育委員会は特別監査を受けたのか」『教育學雑誌（日本大学文理学部）』45、157-176頁
蔦信彦監修（2000）『2時間でわかる図解 新省庁のしくみと仕事が面白いほどよくわかる本―新しい中央官庁の組織が部・課レベルまでわかる！』中経出版
城山英明・鈴木寛・細野助博編（1999）『中央省庁の政策形成過程―日本官僚制の解剖』中央大学出版部
城山英明・細野助博編（2002）『続・中央省庁の政策形成過程―その持続と変容』中央大学出版部
城山英明・吉澤剛・秋吉貴雄・田原敬一郎（2008）『政策及び政策分析研究報告書―科学技術基本計画の策定プロセスにおける知識利用』
新技術振興渡辺記念会編（2010）『科学技術庁政策史―その成立と発展』科学新聞社出版局
鈴木友紀（2010）「『高校無償化』をめぐる国会論議―公立高校授業料不徴収及び高等学校等就学支援金支給法」『立法と調査』306、3-14頁
鈴木友紀（2013）「所得制限の導入と高校段階の教育費負担軽減の在り方―高校無償化法改正案」『立法と調査』347、44-53頁
曽我謙悟（2016）『現代日本の官僚制』東京大学出版会
曽我謙悟（2019）「安倍一強・忖度・官僚劣化―家産官僚制化する日本の官僚制？」（未公表論文）
竹内健太（2019）「国立大学法人運営費交付金の行方―『評価に基づく配分』をめぐって」『立法と調査』413、67-76頁
建林正彦（2004）『議員行動の政治経済学―自民党支配の制度分析』有斐閣
田中耕治（2008）「学力調査と教育評価研究」『教育学研究』75（2）、146-156頁
田中秀明（2019）『官僚たちの冬―霞が関復活の処方箋』小学館新書

田中弘允・佐藤博明・田原博人（2018）『検証 国立大学法人化と大学の責任―その制定過程と大学自立への構想』東信堂
谷本有美子（2019）『「地方自治の責任部局」の研究―その存続メカニズムと軌跡［1947-2000］』公人の友社
中央省庁改革研究会（2000）『新旧両引き 中央省庁再編ガイドブック』ぎょうせい
手塚洋輔（2019）「配置図からみる文部科学省統合の実相」青木栄一編著『文部科学省の解剖』東信堂、135-166頁
寺倉憲一・黒川直秀（2009）「教育費の負担軽減―高校の無償化をめぐる議論」『調査と情報』666、1-10頁
寺沢拓敬（2020）『小学校英語のジレンマ』岩波新書
寺脇研（2008）「ゆとり教育の是非を問い直す」『こころの健康』23（1）、2-10頁
寺脇研（2013）『文部科学省―「三流官庁」の知られざる素顔』中公新書ラクレ
寺脇研（2018）「大学改革・再編統合をどうとらえればよいか―政府の考え方と大学の自律的改革」『全大教時報』42（5）、13-50頁
寺脇研・鈴木寛（2010）『コンクリートから子どもたちへ』講談社
土居丈朗（2004）『三位一体改革―ここが問題だ』東洋経済新報社
土居丈朗（2020）『平成の経済政策はどう決められたか―アベノミクスの源流をさぐる』中公選書
遠山敦子（2013）『来し方の記―ひとすじの道を歩んで五十年』かまくら春秋社
德久恭子（2008）『日本型教育システムの誕生』木鐸社
德久恭子（2012）「連立政権下の教育政策」『年報政治学』（I）、138-160頁
戸澤幾子（2009）「『全国学力調査』をめぐる議論」『レファレンス』59（5）、33-58頁
戸田浩史（2007）「岐路に立つ教育委員会制度」『立法と調査』263、53-59頁
戸田浩史（2014）「教育委員会は再生できるか―地方教育行政法改正を前に」『立法と調査』348、67-79頁
鳥飼玖美子（2018）『英語教育の危機』ちくま新書
長尾彰夫（2001）「『学力問題』とは何か―学力低下批判をめぐるポリティクス分析」『日本教育政策学会年報』8、8-23頁
中北浩爾（2017）『自民党―「一強」の実像』中公新書

中澤渉（２０１４）『なぜ日本の公教育費は少ないのか―教育の公的役割を問いなおす』勁草書房
中村高康編（２０２０）『大学入試がわかる本―改革を議論するための基礎知識』岩波書店
西出良一（２００３）「国立大学事務職のキャリアパス」『佛教大学教育学部学会紀要』８、１２７-１３８頁
羽田貴史（２０１９）『大学の組織とガバナンス』東信堂
林直嗣（２０１１）「扶養控除廃止による子ども手当と高校無償化の経済効果―あるべき少子化対策・子育て政策（下）」『経営志林』48（2）、1-19頁
林宏昭・松本千賀子（２０１７）「高等学校教育の財政分析」『関西大学経済論集』66（1）19-29頁
広瀬裕子（２０１４）「鈴木寛 元文部科学副大臣インタビュー―教育に関するガバナンスの基本方向、そして文部科学省とのこと」『専修大学社会科学研究所月報』６１７、1-36頁
福井文威（２０１８）『米国高等教育の拡大する個人寄付』東信堂
朴澤泰男（２０１６）「国立大学の財政・財務と進学機会―授業料の上昇可能性がもつ含意を中心に」『日本教育行政学会年報』42、53-68頁
本田由紀（２００２）「90年代におけるカリキュラムと学力」『教育社会学研究』70、１０５-１２３頁
毎日新聞「幻の科学技術立国」取材班（２０１９）『誰が科学を殺すのか―科学技術立国「崩壊」の衝撃』毎日新聞出版
前川喜平（２０１８）『面従腹背』毎日新聞出版
前川喜平・寺脇研（２０１７）『これからの日本、これからの教育』ちくま新書
牧原出（２０１６）『「安倍一強」の謎』朝日新書
牧原出（２０１８）『崩れる政治を立て直す―21世紀の日本行政改革論』講談社現代新書
待鳥聡史（２０１５）『代議制民主主義―「民意」と「政治家」を問い直す』中公新書
待鳥聡史（２０２０）『政治改革再考―変貌を遂げた国家の軌跡』新潮選書
松井一彦（２０１１）「グローバル人材育成に向けた取組の課題―米国大学等留学問題と対応の在り方」『立法と調査』３２０、87-１０６頁
松宮仁志（１９７５）『科学技術庁』教育社
真渕勝（２０２０）『行政学［新版］』有斐閣
丸山文裕（２００４）「国立大学法人化後の授業料」『大学財務経営研究』1、１２３-１３４頁
水野清・堺屋太一・榊原英資・岡本行夫（２００１）『「官僚」と「権力」―省庁再編はなぜねじ曲げられたか』小学館
村上祐介（２０１１）『教育行政の政治学―教育委員会

制度の改革と実態に関する実証的研究』木鐸社
村上祐介編著（２０１４）『教育委員会改革５つのポイント―「地方教育行政法」のどこが変わったのか』学事出版
村松岐夫（１９９４）『日本の行政―活動型官僚制の変貌』中公新書
村松岐夫（２０１０）『政官スクラム型リーダーシップの崩壊』東洋経済新報社
村松岐夫（２０１８）『政と官の五十年』第一法規
望田研吾（２００３）「最近のわが国における学力問題」『比較教育学研究』29、3-15頁
森功（２０１９）『官邸官僚―安倍一強を支えた側近政治の罪』文藝春秋
文部科学省未来研究会（２００７）『国家百年の計―未来への先行投資のために』ぎょうせい
文部省教育助成局地方課（１９８５）「高槻市の準公選問題について」『教育委員会月報』37（6）、17-22頁
山崎政人（１９８６）『自民党と教育政策―教育委員任命制から臨教審まで』岩波新書
結城忠（２０１９）『ドイツの学校法制と学校法学』信山社
ローラーミカ（２０１９）「大学入試改革の動向」『調査と情報』１０７３、1-14頁
渡部昭男（２０１１）「『無償教育の漸進的導入』に係る政策変容―高校授業料無償化を中心に」『龍谷大学社会科学研究年報』41、１０２-１２１頁
渡部昭男（２０１４）「高校授業料無償化法の見直しに係る論点―『無償教育の漸進的導入』条項の留保撤回と遵守」『龍谷大学社会科学研究年報』44、２７７-２８８頁
渡辺恵子（２００５）「義務教育費国庫負担制度の『総額裁量制』への移行についての考察」『国立教育政策研究所紀要』１３４、１２９-１４２頁
渡辺恵子（２０１８）『国立大学職員の人事システム―管理職への昇進と能力開発』東信堂

青木栄一（あおき・えいいち）

1973年，千葉県生まれ．1996年，東京大学教育学部卒業．2002年，東京大学大学院教育学研究科博士課程修了．博士（教育学）．国立教育政策研究所教育政策・評価研究部研究員などを経て，2010年より東北大学大学院教育学研究科准教授，2021年より同教授．専攻・教育行政学，行政学．

著書『教育行政の政府間関係』（多賀出版，2004，日本教育行政学会学会賞受賞）
『地方分権と教育行政―少人数学級編制の政策過程』（勁草書房，2013，日本教育経営学会学術研究賞受賞）
『復旧・復興へ向かう地域と学校』（編，東洋経済新報社，2015）
『教育の行政・政治・経営』（共著，放送大学教育振興会，2019）
『文部科学省の解剖』（編著，東信堂，2019）
『教育制度を支える教育行政』（編著，ミネルヴァ書房，2019）
など．

文部科学省《もんぶかがくしょう》
中公新書 *2635*

2021年 3 月25日初版
2021年 5 月20日再版

著　者　青 木 栄 一
発行者　松 田 陽 三

本文印刷　暁 印 刷
カバー印刷　大熊整美堂
製　本　小泉製本

発行所　中央公論新社
〒100-8152
東京都千代田区大手町1-7-1
電話　販売 03-5299-1730
　　　編集 03-5299-1830
URL http://www.chuko.co.jp/

Published by CHUOKORON-SHINSHA, INC.
Printed in Japan　ISBN978-4-12-102635-4 C1237

中公新書刊行のことば

いまからちょうど五世紀まえ、グーテンベルクが近代印刷術を発明したとき、書物の大量生産は潜在的可能性を獲得し、いまからちょうど一世紀まえ、世界のおもな文明国で義務教育制度が採用されたとき、書物の大量需要の潜在性が形成された。この二つの潜在性がはげしく現実化したのが現代である。

いまや、書物によって視野を拡大し、変りゆく世界に豊かに対応しようとする強い要求を私たちは抑えることができない。この要求にこたえる義務を、今日の書物は背負っている。だが、その義務は、たんに専門的知識の通俗化をはかることによって果たされるものでもなく、通俗的好奇心にうったえて、いたずらに発行部数の巨大さを誇ることによって果たされるものでもない。現代を真摯に生きようとする読者に、真に知るに価いする知識だけを選びだして提供すること、これが中公新書の最大の目標である。

私たちは、知識として錯覚しているものによってしばしば動かされ、裏切られる。私たちは、作為によってあたえられた知識のうえに生きることがあまりに多く、ゆるぎない事実を通して思索することがあまりにすくない。中公新書が、その一貫した特色として自らに課すものは、この事実のみの持つ無条件の説得力を発揮させることである。現代にあらたな意味を投げかけるべく待機している過去の歴史的事実もまた、中公新書によって数多く発掘されるであろう。

中公新書は、現代を自らの眼で見つめようとする、逞しい知的な読者の活力となることを欲している。

一九六二年一一月

中公新書

政治・法律

h1

- 125 法と社会 碧海純一
- 1865 ドキュメント 検察官 読売新聞社会部
- 819 アメリカン・ロイヤーの誕生 阿川尚之
- 2347 代議制民主主義 待鳥聡史
- 2469 議院内閣制—変貌する英国モデル 高安健将
- 2631 現代民主主義 山本 圭
- 1905 日本の統治構造 飯尾 潤
- 2537 日本の地方政府 曽我謙悟
- 2558 日本の地方議会 辻 陽
- 1687 日本の選挙 加藤秀治郎
- 1708 日本型ポピュリズム 大嶽秀夫
- 2283 日本政治とメディア 逢坂 巌
- 1845 首相支配—日本政治の変貌 竹中治堅
- 2428 自民党—「一強」の実像 中北浩爾
- 2233 民主党政権 失敗の検証 日本再建イニシアティブ
- 2101 国会議員の仕事 林 芳正 津村啓介
- 2370 公明党 薬師寺克行
- 2191 大阪—大都市は国家を超えるか 砂原庸介
- 2418 沖縄問題—リアリズムの視点から 高良倉吉編著
- 2439 入門 公共政策学 秋吉貴雄
- 2620 コロナ危機の政治 竹中治堅

中公新書

教育・家庭